JN174808

一寸のペンの虫

〝ブンヤ崩れ〟の見たメディア危機

一寸のペンの虫

〝ブンヤ崩れ〟の見たメディア危機

目次

もくじ

第一章　「落日」を遠く見つめて

序——リマの一夜

ワインの酔いが急速に回ったのか、自宅での食事に招いてくれた知人は、気がつけばソファに沈み込み、寝息を立てている。

二〇〇五年の暮れ、南米ペルーの首都リマ市の住宅街。私はこの在留邦人宅で、ぽつねんとリビングの静寂に取り残されてしまった。

点けっ放しのテレビに、国際衛星放送のＮＨＫドラマが流れている。

煙の立ち込める急傾斜の山肌に立つ無数の男たち。鼻腔を突く異臭の記憶がふと、生々しく蘇った。

横山秀夫原作の『クライマーズ・ハイ』。群馬県・御巣鷹山中での日航機事故に遭遇したローカル紙の記者たちの物語だ。

脳内にいくつもの光景がフラッシュバックした。

一九八五年八月十二日の夕暮れ。事務机の背後にあるテレビから信号音が鳴り、テロップで「日航機不明」の第一報が流れた。当時の私は、熊谷市の朝日新聞北埼玉支局に所属する新人記者だった。

長野か群馬か埼玉か……。万が一、秩父の山中なら現場は支局管内になる。

職場にはもうひとり、社歴数年になる先輩記者がいた。私はその指示を受け、車で十分ほどのアパートでネクタイや革靴をかなぐり捨て、ポロシャツとスニーカーの軽装で支局に出直した。

現場の特定は遅々として進まない。業を煮やした先輩は、浦和支局からの待機命令を振り切って「とりあえず秩父方面に向かいます」と、私を連れタクシーに飛び乗った。

夜半にたどり着いた群馬・長野県境の「ぶどう峠」には、警察や自衛隊のほか、東京や周辺各県から集まった報道の車列が延々と連なっていた。ふだんなら漆黒の闇となる人里離れた山道が、何キロにもわたって車両や機材の照明で煌々と照らし出されていた。朝日一社だけで二百人もの記者が本社や近隣各支局から集まったとされる。

空が白み始めると、何千人もの報道関係者は思い思いの地点から急峻な山腹をよじ登り始めた。誰もが凄惨な現場の光景を脳裏に思い浮かべていた。真っ先にそこに立つことを目指していた。

警察や自衛隊の動きを待ち、隊列に付き従う〝確度の高い選択〟は、第一発見者となることを放棄した敗北主義でしかなかった。

浦和からの同僚四人と合流した私たちも、泥まみれで藪漕ぎの登攀を繰り返した。息も絶え絶えに尾根に立つと、その先にまた別の尾根が立ちはだかる。遠方に飛ぶヘリの音だけを頼りに、山岳部を直線で突っ切る目論見はしかし、あまりにも無謀だった。

結局この初日、事故現場にたどり着けた報道関係者は、各社ひと握りだけだった。大半は起伏の激しい山中をさまよい、時間と体力を使い切って終わった。道なき道を行こうとした私たち六人に至っては、不本意にも〝遭難騒ぎ〟まで引き起こしてしまった。

尾根違いで現場近くを通り過ぎ、見当外れの方角へと逸れてゆくグループを上空からNHKのヘリが発見し、「二次遭難の危険がある」とふもとに連絡したのである。

その時点では、私たちも下山の途についていたのだが、ふもとの社内関係者は、相当に気を揉んだらしい。バッテリー切れで途切れ途切れの状態になった無線機ですでに数時間、機体発見や生存者確認など、現場到達組による報告を聞いていた六人は、徒労感に打ちひしがれ、重い足取りで沢を下ったのだった。

それでもルートが定まると、翌朝も、翌々朝も私たちは体力を振り絞り、民宿に置かれた前線本部から地獄絵図のような事故現場へと何日も山登りを重ねた。

NHKドラマの原作は、人気作家の横山が地方紙記者時代の体験をベースに書き上げたベストセラー小説だ。記者人生を通じて一度でも巡り合うか合わないか、そんな〝一世一代の事故報道〟に遭遇した記者たちの高揚した精神状態と、そこで露呈する複雑な感情、人間関係が描き出されている。

あの夏の私たちも、似たような空気の中にいた。

職場内の確執とはまだ縁遠い新人だった私は、最末端の使い走りでしかなかったが、ドラマに描かれたドロドロした情念も、その後の記者人生と照らし合わせれば、我がことのように感じられた。

私のいた新聞社も、理想を追求するひたむきさと自己顕示のあさましさが濃密に入り交じる人間集団であった。

組織内に結局、居場所を見出せず脱落した私は、新聞社を離れて南米の地に移り住み、四十代にして心の平穏をようやく取り戻した。苦い酒に溺れた日々のことは、記憶の奥底に封じ込めたつもりでいた。

しかし、思いがけず眼前に現れた御巣鷹の光景は、否応なくその蓋をこじ開けてしまったのだった。傍らの知人が熟睡する油断もあり、私は不覚にも涙ぐんでしまっていた。

五十代半ばになる私はいま、日本に暮らしている。南米時代と同様、細々とフリーの記者稼業をしている。取材をしてモノを書く、という点で言えば、同一の仕事に三十年以上就いていることになる。

改めて自分の職業人生を見つめ直したとき、その一ページ目には二十四歳で迎えたあの夏の記憶がある。かけがえのない五百二十もの命が奪われた未曽有の大惨事。混乱のさなかの取材攻勢に苦痛や憤懣を覚えた遺族・関係者も多かったことだろう。

それでも、一個人の体験として振り返ると、バチ当たりなことながら、あの山々の光景には遠い日の使命感や情熱が蘇る。私自身のキャリアがまだ悔恨や葛藤、確執など負の記憶にまみれてゆく以前の時期、初々しい駆け出し時代の体験だったためだが、この感傷にはもうひとつ、ジャーナリズムの世界そのものが輝きを放っていた昭和へのノスタルジーも加味されている。職業人として私がペンを執った一九八五年は、まだそんな時代だった。

〝売国メディア〟への糾弾

私はこの本で、この国のジャーナリズムの来し方について感じることを書こうと思っている。昭和から平成にかけて激しく変化を重ねてきたこの世界はもう、危機的とも言える状況にさしかかったように感じられるからだ。

本当は、そんな大テーマを語るような立場にはない。朝日にいたころは、スクープとはとんと縁のない凡庸な記者だった。

フリーの物書きになってからも、天下国家を論じるより「虫の眼」の社会観察を志向して、さまざまな境遇に生きる庶民をルポ記事やノンフィクション作品に描いてきた。

それでも気がつけば、取材者としての職歴は三十余年になる。

新聞社時代の同僚はほとんどが管理職、一部は社の幹部にもなっている。付き合いのある総合誌の編集長クラスは、すでに大半が年下だ。

衰退の一途をたどる紙媒体にしがみつくロートルの一ライター。日々食いつなぐだけで精一杯の零細売文屋が、「ごまめの歯ぎしり」のような〝私的メディア論〟を書く気持ちになったのは、二〇一四年の夏から秋、古巣の朝日新聞社を揺るがした空前のバッシングに、割り切れぬ思いが広がったためだった。

戦時中に朝鮮人慰安婦の募集に従事した、と自称する人物の〝告白〟を再三記事にして、その虚言が判明したあとも二十年以上訂正しなかった不誠実な対応、また福島で原発事故に遭遇した発電所職員らの行動を、政府調査文書の恣意的な解釈で〝逃走〟と決めつけた問題で、社長の引責辞任にまで至ったあの騒ぎである。

ふたつの報道には確かに、非難されるべき問題があった。それを生み出した背景を掘り下げれば、その昔、私自身が違和感を覚えた組織の一面とも重なり合う部分がある。

だが、数カ月間に及んだ騒動を眺めるうち、私は朝日を集中攻撃する側のメディアに、それ以上の異様さを感じるようになった。誤報を生む構造を自らの媒体にも内在するテーマとは考えず、それどころか「国益を損ねた」「国を貶めた」などという全体主義国のような断罪が飛び交った。一部の雑誌には「売国」という見出しさえ踊った。

それはまるで、戦争中の忌まわしい記憶として、数々の小説や映画、ドラマで描かれてきた「非国民」を吊し上げるシーンのようだった。後世の歴史家は、この騒動を世相の転換点と位置づけるに違いない。私はそう感じた。

この国の戦後ジャーナリズムは、いつの間に、ここまで変質してしまったのだろう。

気がつけば、ネットスラングで「マスゴミ」と侮蔑されるほど、社会的評価が沈下した今日のマスメディアだが、一九八〇年代前半、私が新聞社への就職を志した時代には、多くの若者が憧れて志望する人気業種だった。そしてあの当時、ほとんどのメディアは戦争協力や国家主義への傾倒という「過去の過ち」への反省を、職業倫理の根本に置いていた。

自分が活字メディアの末端で生きてきた三十年という歳月の移ろいを、私は朝日騒動を遠くに見る中で、否応なく痛感したのだった。

「対岸の火事」に揺れた心

それにしても、このようなテーマに自分の心が動くとは、思ってもみなかった。

フリーになって以降、続けてきた仕事は、「取材をしてものを書く」という作業が共通するだけで、時事的な報道とは、似て非なるものだった。主要メディアに常時目を通し、キメ細かくニュースをチェックする習慣は、とうの昔に失っていた。

納まりのいい肩書きがほかに思いつかず、「ジャーナリスト」と名刺に刷り込んでいた時期もある。現在でも、編集者がそう表記するならば、とくに抵抗はしない。だが内心、そう名乗ることにはやはり、後ろめたさが付きまとう。

一般的な定義とは異なるかもしれないが、私の感覚でジャーナリストと呼べるのは、時事問題全般にアンテナを張り巡らせ、新たな動きを察知すれば反射的に情報を収集する、そんな張り詰めた緊張の中で生きる職業人だけだ。徹底した野次馬根性と腰の軽さ。それこそがブンヤ（新聞記者）の命だと、若き日に叩き込まれたせいだろう。頑ななそんなイメージが拭えずにいる。

ブンヤの世界から脱落し、二十年近くになる私はもう、時代の最前線に立ち続ける意識はなく、そのための努力も放棄して久しかった。

それよりも、旬の過ぎたテーマでもいいから自分なりに引き込まれる話を長期間掘り下げて、まとまった文章作品を書き上げたい。年齢を重ねるに連れ、職業的関心はそんな方向へと向かうようになった。

極端な話、ひとりの釣り名人に密着してその物語を書こうとするならば、目の前の里山に飛行機が落ちようが、その向こうの火山が噴煙を上げようが、カメラを引っつかんで駆け出すような真似はせず、あくまでも名人の行動を追い続けるだろう。

こんな人間はもう、ジャーナリストとは呼び得ない。私はそう自覚していた。にもかかわらず、朝日問題をめぐる騒ぎは、別世界にいるはずの私の心をも、ざわつかせたのだった。

狂騒曲の始まりは、二〇一四年八月五日とその翌日、見開きで掲載された慰安婦問題の特集記事だった。

冷戦が終了した四半世紀前、一部の保守論者は社会主義批判に代わるテーマとして戦争責任の議論に着目し、左派・リベラルの言説を攻撃するようになっていた。

キーワードは「自虐史観」。その象徴的なターゲットのひとつになったのが、朝日新聞の慰安婦報道であった。

その主張には、日本の近代史を美化・正当化する歴史修正主義的な思惑が見て取れたが、一九九〇年代にこの運動が始まるまで、戦争にまつわる「平和問題」の報道に厳密な「裏取り」（ファクトチェック）が足りなかったことも事実だった。

朝日新聞は、初期の段階ではそうした批判を事実上黙殺し、長い歳月を経てネットを中心に「嫌韓嫌中ブーム」が広がると、知れ渡って久しい〝虚言の人〟に関する報道を、思い出したように取り消したのだ。そんな八月の特集は、あまりにも唐突で中途半端だった。慰安婦報道全般の正しさを補強する徹底検証が続くわけでもなかった。

こんな形では、火に油を注ぐ結果にしかならない——。

その後の展開は懸念した通り、いや、それ以上の大混乱となった。

追い打ちをかけるように一四年春の朝日スクープ記事、福島原発事故の政府内部文書、吉田昌郎・元福島第一原発所長（故人）の証言を記録した「吉田調書報道」に関しても、職員の現場離脱を「所長命令に背く行為」と決めつけた解釈に、「曲解・歪曲」という非難が噴出した。さらには謝罪なき慰安婦証言者記事取り消しを批判した池上彰のコラム掲載を拒んだことも露見して、朝日新聞社は文字通り火だるまになってしまった。

それでも私はしばらくの間、こうした騒動を対岸の火事のように眺めていた。理由は前述した通りだ。私にとって新聞社は遠い昔に縁の切れた世界であり、〝報道機関のあり方〟などという議論はあくまでも他人事だったのだ。

そんな距離感が徐々に変わっていったのは、朝日サイドの情報が漏れ伝わるに連れ、批判にさらされる編集幹部らに、よく知ったかつての同僚の名が次々と出てきたためだ。

同じ時代に若手記者だった彼らが、いつの間にかそんな立場にいる。中には、あの御巣鷹山中をともにさまよった仲間もいた。

私自身は若手から中堅になるころには、我の強さが災いして周囲との軋轢が増え、ストレスの蓄積から職場を去ったのだが、組織に適応してキャリアを積み、責任あるポストに就いた者たちも、当然のことながら少なからずいたのである。

ジャーナリズムという言葉が、ポジティブな文脈でのみ語られた遠い日に、その世界に憧れて集まった同世代の仲間たち。その彼らがいま、組織の凋落の瀬戸際で、批判の矢面に立たされている。

本来なら、そつのない出世タイプとはそりが合わない私だが、ヒラ社員の姿でしか記憶しない彼らにはネガティブな印象もなく、単純にその巡り合わせに同情した。

そしてまた、フリーの物書きとして、先細る一方の「書くことの現場」にこだわり続けてきた自らの来し方にも、時代の逆風と直面する共通性があるように感じられ、組織にいる彼らへの近しい感覚が生まれたのだった。

メディア史の分水嶺

しかし、そのような思いも、御巣鷹での記憶が溢れ出たペルーでの一夜と同様に、結局は一時的な感傷としてほどなく消え去った。関連報道から伝わる朝日社内の動きは、組織防衛に汲々とする姿にしか見えず、社内や業界の旧弊にメスを入れる抜本的改革の意思は感じられなかった。角を矯めて牛を殺すような記者たちへの管理強化は、士気をくじく悪循環しか生まないような気がした。

年が代わり、騒動がほぼ沈静化したころには、私の認識はぐるりと一巡し、新聞や雑誌、テレビ、あるいは保守・リベラルの区別なく、国内の既存メディアはその全体が根深い病に蝕まれている、と感じるに至っていた。

そのころには、タカ派的体質の著しい安倍政権による圧力か、あるいはその空気を察知した業界側の忖度であったのか、新聞やテレビ報道の萎縮が露わとなる出来事が相次いでいた。

本書の下敷きとなる文章は二〇一五年の春、ちょうどそんな時点から月刊誌『望星』で一年余にわたって連載したものだ。しかし、この連載の初期に綴った私の認識も、もはや古びたものになってしまっている。

日本の報道をめぐる状況は、朝日騒動以後、それほどに目まぐるしく激動を続けている。いまや一連の変化は、世界的な潮流と重なり合うことまでも認識されるようになった。

一六年秋のアメリカ大統領選挙をきっかけに広まった「ポスト真実」「フェイクニュース」といった新語は、アメリカのみならず日本国内の近年の現象にも当てはまるキーワードになっている。

直感的なイメージで言えば、世界規模でこのような現象が見られる背景には、インターネットによる虚実ない交ぜの情報氾濫に、既存の報道の規範が呑み込まれつつあること、戦後七十年余りを経た世代交代で、先の大戦の惨禍から導かれた教訓や価値観が急激に風化していること、格差の拡大やテロへの不安から、中・低所得者層の間で移民など特定の弱者を憎悪する風潮が強まったこと、そんな要因があるような気がする。

欧米先進国においてすら、一定数の人々が、もはや情報の真偽など意に介さずに「信じたいことだけを信じる」価値観に生きる時代になってしまったのだ。異なる立場を拒絶する「分断の時代」と言い換えてもいい。

朝日騒動の際、私は保守系のメディアが、朝日の〝偏り〟を容赦なく批判する一方で、自社報道の正確さ・客観性にまるで頓着しない姿勢に、大いなる違和感を覚えたものだった。

朝日社内には記者を左翼思想に洗脳するシステムがある、などという妄想だけで書かれた記事さえ見受けられた。同業者の「思い込みによる決めつけ報道」を、自らもまた「決めつけ」によって糾弾する。それこそが、あのバッシングで見られた倒錯した光景であった。

朝日の構造的問題は、こうに違いない――。内情をろくに取材せず、推測や思い込みでどれほどいい加減な批判記事が量産されたことだろう。

あのバッシングに、そもそも報道倫理という普遍的な問題を問う姿勢は皆無だった。そう考えれば、すべてが腑に落ちる。「信じたいことを信じる人々」と「それに同調したメディア」が〝敵失〟に乗じて、敵対メディアへの憎悪を吐き出した。そんな溜飲を下げるための批判であり、ジャーナリズムのあり方など、どうでもいいことだったのだと。

朝日新聞の木村伊量社長（当時）ら三人が、「吉田調書スクープ」を取り消して謝罪会見をした翌日の一四年九月十二日。毎日新聞は小川一・編集編成局長による「メディア史の分水嶺」と題した署名記事を掲載した。

《報道の使命と責任はいかに重いか。そして、その質も急速に変化を始めており、そこにも即応していかねばならない。今回、多くのメディアが過剰な朝日批判をくり広げた。感情的な、あるいは利害関係から行う批判は報道機関の信用毀損を拡散し報道機関全体の信頼を失わせる。私たちは、朝日報道から多くの教訓を学び自らを鍛え続けることだ》

渦中に綴られた、良心的な記事のひとつである。

だが、いま思えば、タイトルに使われた「分水嶺」という言葉は、筆者がその時点で捉えた事態より、はるかに大規模な時代の転換を指し示していた。

私自身の状況認識が雑誌連載中、あるいは連載終了後、刻々と変化していったのも、騒動の中で感じ取ったメディアの変質が、実はとてつもないスケールの現象だと気づくのに、二年もの歳月を要したためだった。

人に会い、話を聞き、文章を書く。新聞記者時代からフリーランスの現在まで、その同じ作業を繰り返してきた私が、一貫して抱く職業技術・倫理上のテーマは、記述のバランスとリアリティーに尽きる。文章の説得力を生む根幹は、そこにあると考えている。

これが簡単なようで難しい。いまなお日々、手探りを続けている。

一つひとつのデータは正確でも、限られた行数・ページ数に収める文章には、データの取捨選択が必要となる。その配分によって記事の印象は変わる。殺人犯の不幸な生い立ちか、それとも被害者遺族の直面する悲しみか。それぞれのデータを数行増やしたり、削ったりするだけで、ニュアンスはまるで違ってくるのである。

同じ事象の関係者であっても、個々人の認識はしばしば食い違う。よほど決定的な物証でもない限り、全員を納得させる記事はなかなか書き得ない。それでも、より多くの人をうなずかせる記述はあるはずだし、それを目指すべきだと思うのだ。

結論を棚上げした機械的な両論併記や、当たり障りのない〝薄味の記事〟にする、ということではない。価値判断にかかわる核心部分では、できるだけ詳細なデータを収集し、その集積の上にものを書く。それこそが説得力を増す唯一の道だと私は考える。

ふたりの男が殴り合い、双方がケガをした。「どっちもどっち」で片づけてしまうのは、安易な逃げである。先に手を出したのはどちらか、どちらがどの程度のケガを負ったのか、そもそもの原因は、ふたりの関係は……などと掘り下げれば、どちらにより非があるのか、取材者なりの見解は示すことができるはずだ。

言うは易く行うは難しだが、私が三十年以上、個人的に目指してきたことは、そういうことだった。

左右均等にある課題

報道に必要とされる要素は、ほかにもたくさんある。スクープ性、インパクト、読者を惹きつける書き方ができているか否か……。実を言えば、こういった要素は、バランスや正確性にこだわると、往々にして損なわれてしまう。極悪非道、純粋無垢、前代未聞といった〝竹を割ったようなストーリー〟は、ほとんどの場合、深い取材をして事情を知れば知るほどに、リアルに感じられなくなるからだ。

商業メディアで仕事をする以上、スクープ性やインパクトは重要だが、ニュースの当事者から「記事はウソ、あんな話じゃない」と、言われてしまっては元も子もない。

逆に言えば、厳しく批判した相手から、「事実だから仕方がない」と認められるような記事が理想である。否定しようにも〝ぐうの音も出ない記事〟が書けるのかどうか。これも結局は積み上げたファクトの厚みによって決まる。

記事を構成する個別データと、それを組み合わせる取捨選択。前者の間違いは誰の目にも明らかな誤報だが、後者は主観的な判断で決まるため、「客観報道などあり得ない」と開き直る主張もある。

だが、そうすると、ある主張に都合のいいデータだけをつまみ食いをする記事も許されることになる。私は、主観を免れない情報の取捨選択においても、守るべき一線はあると信じている。記事全体のトーンを弱めるデータでも、省いてはいけないことはあるのだと。それを軽視した独善の横行こそ、今日のメディア不信を生んだ根源と考えるからだ。

このように本書では、細々と取材記事を書いてきたひとりのライターとして、個人的に思い悩み、改善を目指してきた課題を、幅広く敷衍することで、ジャーナリズムがいま直面する混迷について考えてみるつもりだ。

結論めいたことを先に書けば、ことの本質は「信じたいこと」の中味の差異、すなわち思想信条の問題ではない。

これは駆け出しの若手新聞記者時代から薄々感じてきたことで、昨今、より強く思うことなのだが、ジャーナリズムがいま、立ち戻るべき原点は、いわゆる右派・左派というスタンスの呪縛から極力自由になり、ファクトの裏付けによって物事を見ることだ。ファクトとは一次情報や信頼に足る文献資料であり、虚実ない交ぜのネット情報ではない。

さまざまな事象の内実をより深く、正確に知りたい、というフラットな好奇心・探究心を基本に置き、社会通念上の常識さえある程度共有していれば、政治的傾向の異なるメディアの報道も、現状よりはるかに接近し、議論も噛み合ってゆくはずだ。

ジャーナリズムの混迷は、実相に近づくことへのこだわりが、あまりにも薄れてしまったために生まれている。それが私の捉え方である。

ファクトより主張。〝論破〟への執着。そういった傾向は近年、とくに右寄りの言論に著しく、「ポスト真実」や「フェイクニュース」の温床となっている。

シンプルな話だ。殺人事件の真犯人を知りたい、と思うのか、「犯人はAに決まっている」というスタンスから始めるのか。その違いである。さまざまな状況証拠から、Aという人物の容疑が濃厚だとしても、確実なアリバイが立証されたなら、それ以降、Aの潔白を前提とする。その基本を忘れてはならない。

先入観に縛られた人は、固く信じ込んだ「決めつけ」から逃れられず、客観的事実をなかなか直視しない。自らの色眼鏡に固執してしまうのだ。

ネット文化もこの傾向に拍車をかけている。「信じたい論調」のサイトばかり渡り歩く人は、自らの視点に疑いを持たなくなる。事実関係をろくに調べもせず、都合のいい情報だけを鵜呑みにして、的外れな主張を平気で拡散する。

相反するデータの混在を嫌い、自説を補強する要素だけを書き連ねた記事は、往々にして「結論ありきの決めつけ報道」となり、読者をミスリードしてしまうのだ。二〇一四年の朝日騒動で問題となった記事もそうだったし、それをバッシングした憶測だらけの批判記事も同じだ。

まともな報道や言論を成り立たせるためには、保守・リベラルの対立軸以上に重要な目安がある。対立軸の左右両側に広がる「ファクトを直視する人」と、そのはるか外側にいる「信じたいことだけを信じる人」を峻別することだ。〝ルール無用〟の人たちを切り離す二本の線を母集団の左右に引かなければ、話は始まらない。

ジャーナリズムは、主義主張と事実認定を切り離すことができる人、イデオロギー的解釈では割り切れない社会の複雑さを受け止められる人、そういった人たちに向けたものであるべきだし、受け止める側は、その部分で報道の質を見極めるべきなのだ。そのような報道を前提とする人の間では、思想が違っても議論は成り立ち得る。

朝日新聞の「偏向」を非難する人は、読売や産経の偏向には気づかない。気づいても容認する。実際、「異なる主義主張を取り上げる多様さ」という点では、読売・産経のほうがはるかに狭量だ。冷静に紙面を比較すればすぐにわかることだ。〝ご本尊〟のイデオロギーが違うと、そういった単純比較さえできないほど目が曇ってしまう。報道の質を損なう課題の大部分は、左右対称に存在するものなのだ。

保守層こそ〝狂信的右派〟に危機感を

私自身は朝日出身の人間だし、政治的にはリベラルだと思っている。中立を装うつもりはない。それでも、イデオロギー過剰な左右両極の文章への忌避感は、朝日にいた若手時代から一貫して抱き続けてきた。

私が就職した一九八〇年代は、左派・リベラルの論調が主流の時代であり、朝日新聞はその中心的立場にいた。したがって、朝日にいた十三年間は、左派的な「結論ありき」のステレオタイプに抗うことこそが、バランスやリアリティーを追い求めるうえでの個人的テーマだった。

現在の状況は、まるで違う。過去十数年、急激に増えたのは、伝統的な「右派」や「保守」とも異なる勢力で、近隣諸国や国内的〝弱者〟への憎悪を吐き散らし、史実を捩じ曲げてでも戦争中の日本を美化しようとする人たちだ。ファクトを直視しない「思い込みの人」は〝右派の亜種〟とも呼ぶべきこうした人々に圧倒的に多い。ヘイトスピーチの横行にも明らかなように、「決めつけ」による弊害は以前よりずっと深刻化している。

そして、そうした「思い込みの世界観」に生きる人々をコアな支持層とするイデオロギー過剰な政権が、メディアへの影響力を強めている。欧米の新たな現象も、似たような潮流だ。ファクトから目を背ける狂信的右派。そのスタンスを認めることは、ジャーナリズムの自殺にも等しい。そのやり方がまかり通るなら、一切の取材は不要になり、ウソ八百の放言でメディアは賄えてしまう。

振り返れば、若いころの私は、ウソの発覚こそ、社会の政治的潮流を変える要因になると考えたものだった。敗戦によって大本営発表など「右」の欺瞞を知った国民は、戦後、それゆえに左に振れたが、文化大革命を礼賛した報道など共産主義賛美のウソが知られるようになったことで、今度は左にも幻滅する人が増えたのだと。

しかしこの〝仮説〟は見事に裏切られてしまった。冷戦終了後、民意は中央を飛び越えて再び右に振れ、いまやどれほど右派的な「フェイクニュース」が暴かれても、揺り戻しは見られない。

このような層に届くファクトの示し方を、私はまだ見出せていないが、〝右側の境界線の手前〟にいるノーマルな保守層には、同じ土俵で対話できる相手として、狂信的右派の危うさを訴え続けたい。

そこには、いくばくかの世代的義務感もある。

ここ数年の間にメディアに就職した若手は、比較できる時代を体験しないために、ジャーナリズムの現状がかつてない異常事態にあることを、もはや観念的にしか理解しないだろう。新興のネットメディアに携わる人々は、そもそも紙媒体で築かれてきた規範やノウハウと断絶したニュータイプが多いように思える。

その一方、ジャーナリズムの劣化を許容した私の同世代、八〇年代を知る五十代の報道関係者は、現在まだ各メディアの幹部クラスにいる。このままずるずると事態を改善できなければ、リタイアしたあとにいくら報道の衰退を嘆いても、負け犬の遠吠え、引かれ者の小唄にしかならないのだ。

既存メディアのこれ以上の規範崩壊を食い止め、次の時代を担うネット媒体に真っ当なジャーナリズムの形成を促す。もしかしたら、それを実現し得る時間はもう残り少ないのかもしれない。

第二章　保守とリベラル、様変わりした構図

事件事故取材の客観性

媒体の持つ政治的スタンスによって報じ方が変わってくるテーマは、実はそれほど多岐にわたるわけではない。日々報じられるニュース項目を見渡せば、イデオロギーとは無関係な話が大部分を占めている。

事件事故報道が、わかりやすい例だろう。刑事事件や各種の事故、災害の報道に、媒体のスタンスによる論調の差はほとんど見られない。

もちろん犯罪の意味づけや背景の考察には、取材者の視点が反映する。振り返れば、松本清張の社会派推理小説や元読売記者のノンフィクション作家・本田靖春らが遺した昭和のノンフィクション作品は、犯罪の背景を掘り下げることで、貧困や差別などの社会矛盾を浮き上がらせるものだった。

昭和期には犯罪報道でも、事件を生む社会的背景を描くことが重視されていた。

その感覚が薄れたのは、私が新聞記者だった一九八〇年代から九〇年代にかけての現象だ。バブル期の狂乱景気を挟んだこの時期には、本田作品のような事件報道はなかなか目指しにくかった。

極めて個人的な動機による凶悪犯罪が増えたためである。

私自身は取材に加わってはいないが、八九年、宮崎勤による幼女連続誘拐殺人事件の報道に触れる中で、そのことを痛感した。あまりにも特異な異常心理による犯行。事件報道で「心の闇」という苦しまぎれの表現が増えるのは、このあと九〇年代にかけてのことだった。

快楽目的や動機らしい動機のない事件が増えるに連れ、加害者個人の精神世界の深層を探る形へと事件報道も変わらざるを得なかった。さらに時代を経て、近年は再び格差の拡大や子供の貧困など、社会矛盾が目立ってきているが、バブル期の前後は物質的な豊かさに隠されて、犯罪と社会との関係が見えにくくなった時期だった。

そのような変化はあるものの、一般論として事件報道は、各メディア共通のルールに則って記事が作られるジャンルである。抜いた抜かれたというスクープ合戦が激しいのも、各社が同じ土俵に立ち、情報を競い合うためだ。

「記者クラブ制度による横並び報道」や「実名報道の是非」「メディアスクラム」など、事件報道にもいくつもの問題が昔から指摘されているが、基本的な事実関係を追う「本筋」の報道に関しては、主義主張に認識が左右される余地はあまりない。その意味での客観性は担保されてきたように見える。

証拠や証言を緻密に積み重ねる刑事訴訟のシステムに、報道が規定される面もあるのだろう。

明白な誤報は法廷で示される事実関係との食い違いで、いずれ白日の下にさらされてしまう。

しかし、ことが戦争犯罪をめぐる歴史認識論争のような話だと、そうした冷静さは吹き飛ばされ、とんでもない暴論までまかり通るようになる。とくに最近のネトウヨ的論調には「日本を貶めるべきではない」という問答無用の情念が、客観性に優先する傾向が著しい。

もちろん、すでに七十年以上も前の出来事であり、今日では検証不可能なことが多くなっている。それでも証拠や証言に乏しい刑事事件と同様に、入手し得るデータからできる限り合理的・客観的な事実認定を目指すべきだろう。

保守派の論者には、秦郁彦・日大名誉教授のように実証的であろうとする研究者も見られるが、右派メディアで近年目立つのは、歴史学と無縁の門外漢たちだ。彼らによる「歴史認識論争」はとどのつまり、先の大戦の正当化、旧日本軍の免罪、という一点に集約される政治運動でしかない。片や、昭和期のリベラルの戦争責任報道に、写真の取り違えなど細かいミスが目立ったことも事実である。歴史認識の改変を目指す勢力が運動展開の突破口にしたこうした、〝ずさんさ〟には、ふたつの背景があったように思う。

ひとつは右派の極論にも通じる「過剰な思い込み」である。その根底には、戦争被害国や欧米諸国と乖離した日本の加害責任認識を自ら明確化することこそ、国際社会での信頼向上に不可欠だ、という強固な信念がある。昨今の〝愛国者〟が決めつける「日本を貶める目的」などという言説は、子供じみた論敵の〝悪魔化〟にすぎないが、左派・リベラルの書き手でも過剰に思い込みの強いタイプは実際に存在して、旧軍の犯罪性を頭から決めつけ、ずさんな取材のままそれを強調する記事を書くことがあった。

事実関係の究明より、正義感が先走ることにより紛れ込む事実誤認や解釈の歪み、という問題である。

脇が甘かった「平和問題」報道

もうひとつ、別の事情もある。私の実感では、こちらのほうがはるかに一般的だった。それは一九九〇年前後まで、加害責任の報道が激しい反発を引き起こすことを想定せず、そもそも戦争を振り返る報道に厳密な裏取りが行われていなかった、という点だ。

若い人たちには説明が必要かもしれない。

毎年、八月の終戦記念日前に戦争関係の記事や番組が集中するように、この種の報道は戦争の記憶が風化することを防ぐため、メディアが取り組むべき「平和問題」と位置づけられてきた。私の新聞記者時代は、大半の若手が地方支局で担当を経験した。被爆者の話や空襲、疎開、引き揚げなどの体験を聞く取材である。

こうした中、七〇年代からだろうか、戦争被害ばかり強調して加害責任に触れないのはフェアではない、という議論も出るようになった。

日本人としてバランスある戦争認識を求める主張である。「自虐史観」などという自国正当化の主張は、公にはまだ見られなかった時代。自虐どころか自省にすら欠ける不均衡を正そうとする指摘には、一定の説得力があった。それほどに、国内で語られる戦争体験は、日本人の「被害」に偏っていた。

単純な話である。被害体験のほうが、取材が容易だったからだ。空襲や疎開を体験した世代がまだ日本中にいて、証言はいくらでも集まった。

しかし加害報道は違った。海外取材をするか、旧軍人の証言者を見つけるか、いずれかしかなかった。後者は簡単な作業ではない。戦地での出来事、とくに人を殺めた体験はたいていの場合、家族にも明かさない話だったからだ。

その結果、加害責任に関しては、第三者の調査研究を紹介する手法が、多々見られるようになった。被害国を歩いたり、旧軍人の証言を集めたりした研究者、市民団体による発表、あるいは彼らが連れてきた証言者のインタビュー、そんな間接的なスタイルである。

一つひとつの情報の「裏を取る」作業はおろそかにされることが多かった。加害者個人を特定し糾弾する報道ではなかったし、情報源となる調査研究者を基本的に信頼した。このことが時に、細部での記憶違いや曖昧な伝聞情報の記事化につながった面もあるように思う。

さかのぼれば七〇年代初頭、本多勝一・編集委員による南京事件の連載が激しい論争を引き起こした例があったのだが、その後の記者たちが、加害責任の報道で取り立てて裏取りの厳密化を図ることはなかった。

ただしその伝で言えば、日本人の被害証言の扱いにも、同じ問題は存在した。語られる出来事の日時や場所、事実関係は本当に正確か。徹底した証言の吟味を行えばその中にも、一定の誤りや思い違いも含まれていたはずだが、体験者の話は基本的にそのまま掲載した。

言い換えれば、空襲に逃げ惑った日本人の話を書くことも、日本軍から被害を受けた外国人について書くことも、取材者にさほど感覚の差はなかったのだ。どちらも「戦争の惨禍」を語り継ぐために、有益な情報だと受け止めていた。

ちなみに本多の古い著書をひもとくと、南京事件連載を書籍化した『中国の旅』に寄せられた批判は、「戦争とはそういうものだ」「いまさら蒸し返すな」という旧軍関係者の声がほとんどだったらしい。虐殺そのものを否定しようとする昨今の主張とは、ニュアンスがかなり異なっていた。

一般論で言えば、取材過程での入念な裏取りは、論争が予想されるテーマ、真偽が問題になるテーマに限られる。毎朝公園の掃除をした功労者を市が表彰する、そんな暢気な話なら、市役所の話をそのまま書く。本当は「毎朝」ではないのかもしれないが、そこまで疑って調べたら、日々の紙面はとても埋まらなくなってしまう。

「平和問題」の報道に、神経を尖らせる必要が出てきたのは、加害責任への言及を嫌がる運動が急激に広がった九〇年代以降のことなのだ。

二〇一四年の朝日騒動で焦点となった、「慰安婦連行」の作り話をした〝証言者〟の記事も一九八〇年代、ごく通り一遍のインタビューで書かれたものだったろう。自分から〝戦時中の罪〟を懺悔する人が、出まかせを語るなど、取材した記者は想像もしなかったに違いない。

私はあのケースのポイントは、虚言がほぼ明らかになったあとも長い間訂正を怠った「その後の対応」の問題だと考える。それはある種、サラリーマン的な保身意識のせいだったかもしれないが、「売国」や「反日」などという批判は、あまりに馬鹿げている。この人物は当時、読売や産経にも登場したし、朝日が最初に取り上げたわけでもなかったのだ。

そもそも、リベラルを「日本を貶めたい人」「反日」とする主張は、保守タカ派を「殺人愛好者」と決めつけるのと同程度に、根拠の欠片もない悪罵でしかない。「正確な歴史」をめぐる純粋な論争なら、まったく必要のない言葉だ。そんな悪態が臆面もなく使われて、活字にまでなってしまう近年の世相が、この国の劣化を如実に表している。

「南京事件」と調査報道

歴史認識問題について言えば、二〇一五年十月、日本テレビの深夜に放映されたドキュメンタリーは画期的だった。

『中国の旅』の論争以後、慰安婦問題と並んで右派が「捏造」と主張し続けている、あの南京事件の検証報道である。朝日騒動の翌年、政権に批判的だったり、右派を刺激したりする報道への風当たりが日増しに強まっていた時期のことだ。

一四年十二月の総選挙前には、自民党が選挙報道の「公正中立・公平性の確保」をテレビ各局に申し入れた。その直前、TBS「ニュース23」に安倍晋三首相が出演し、街頭インタビューを受けた街の人たちが「景気回復の実感がない」と口々に語る映像に、「これ、おかしいじゃないですか」と苛立ちを露わにする出来事があった。朝日バッシングのあと、自民党は嵩に懸かって意に沿わない報道への不満を公言するようになった。

一五年三月には、テレビ朝日「報道ステーション」のコメンテーターだった元官僚・古賀茂明が番組降板の挨拶をする中で、官邸からバッシングを受けていたことを暴露した。六月には自民党本部での勉強会で、作家の百田尚樹が政権に批判的な沖縄二紙を「潰さないといけない」と発言した。出席した議員からも「マスコミを懲らしめるには広告料収入をなくせばいい」などという声が出た。

戦後七十年のこの年、日本テレビはメディアを覆うこのような重苦しい空気の中、果敢にも歴史認識問題の争点、南京事件の番組を作ったのだった。

その放映は極めて〝ゲリラ的〟だった。事前の圧力や妨害を防ぐためだったろう。当初発表されていた『しゃべってから死ぬ　封印された陣中日記』という番組タイトルは、放映時に突然、『南京事件　兵士たちの遺言』と代わった。

内容は、決して声高に〝日本軍の犯罪〟を糾弾するものではなかった。そのトーンはあくまでも抑制的だった。

南京攻略に参加した元兵士三十一人が遺した日記の記述内容を現地で丹念に裏付けし、揚子江河岸で複数回行われた数千人単位の捕虜虐殺の現場を地形や証言から特定した。無数の遺体が積み上げられた写真の撮影場所も突き止めるなど、証拠や証言の確認を一つひとつ丁寧に積み上げていった。

私はこの番組の制作者が清水潔と知って、納得した。国内で目下、最も取材力のあるジャーナリストとして知られる人だったからだ。

生え抜きの日テレ記者ではない。産経新聞写真部から写真誌『フォーカス』の記者を経て、日テレへと移籍した。その名声が知れ渡ったのは、『フォーカス』の記者時代だ。

一九九九年の「桶川ストーカー殺人事件」。白昼の路上で女子大生が刺殺された事件の真相を清水は独力で解き明かし、警察に先駆けて犯人を見つけ出す〝大金星〟を挙げた。

新聞やテレビの記者は日夜特ダネ競争に明け暮れるが、そこで競われるニュースの大半は、いずれ発表される情報の先取りでしかない。清水はその著書で、この手の記事はアメリカでは「エゴ・スクープ」と呼ばれ、本物のスクープとは見なされない、と綴っている。

桶川事件の報道は違った。

真のスクープとは、その報道がなければ埋もれたまま、世に知られずに終わる事実を発掘するものだ。官庁などの広報に依存する「発表報道」と対比して、「調査報道」とも呼ばれる。代表例はワシントン・ポストのウォーターゲート事件。国内では立花隆による田中角栄の金脈追及や朝日新聞のリクルート事件報道が知られている。

そもそも雑誌記者やフリーは警察の記者クラブに入れない。清水には、現場を歩き、関係者を訪ねる手段しか残されていなかった。それでも、その地道な作業によって警察をも出し抜く偉業を成し遂げてみせたのだ。

彼の歴史的スクープはこれだけではない。日テレ移籍後に手がけた「北関東連続幼女誘拐殺人事件」もそうだった。

昭和から平成にかけ、群馬・栃木両県にまたがって、女児を被害者とする似た手口の誘拐・殺人事件が計四件（失踪事件も一件）起きていたことを独自に掘り起こし、ここでも真犯人と思われる人物を特定した。

すでに一件では容疑者が捕まり、無期懲役刑に服していたのだが、清水の報道をきっかけにDNA鑑定が行われ、再審無罪が確定した。ただし、失態を暴かれた警察の反応は鈍く、〝真犯人〟と思しき男の黒白は時効の壁に阻まれて決着しないままに終わった。

そんな調査報道の第一人者が、今度は刑事事件でなく、歴史認識問題の大テーマ、南京事件を手がけたのである。淡々とファクトを積み上げる手法には確かな説得力があり、番組放映後の反応は九割がた肯定的だったという。

このときの取材は翌年には『「南京事件」を調査せよ』という書籍にもなった。私はこの本を読むまで、番組タイトルを差し替えた奇策には、外部ばかりでなく社内の目を欺く意図もあったのでは、と勘繰っていた。日テレとフジテレビには〝政権寄り〟というイメージが付きまとい、安倍首相が安保法制を説明するために出演した民放局も、このふたつだったからだ。

しかし本によれば、上司の報道局長は社内会議できちんとこう説明したという。

「清水さんが『南京を何とかやれないか』と、やる気を出しているので担当してもらおうと思います。当然、調査報道的にやると……」

清水の力量と実績があればこその判断であろうが、メディア全体を萎縮ムードが包む中、あえて「火中のテーマ」を拾おうとする勇気ある決断であった。

南京虐殺をめぐる論争は当初、三十万人という中国政府が発表する犠牲者数が「多すぎる」というものであったが、いつの間にか人数の話でなく、虐殺そのものを「なかった」とする極論まではびこるようになってしまった。

たとえ数万人であっても歴史的な大虐殺である。大量の捕虜・市民が殺されたことは間違いない。そのことをコツコツとファクトを積み上げて示すことに、清水は成功した。

雑駁なイデオロギー論争の土俵には乗らず、事件取材的な緻密な報道で、歴史の歪曲に釘を刺す。昭和期の戦争責任報道には、昨今の右派の論法にも通じる雑駁さがあったために、そのあやふやなポイントを突かれて史実の歪曲が始まった。清水は丁寧に愚直にファクトを積み上げる原点に立ち戻り、フェイクニュースを圧倒してみせたのだ。

「朝日」と『諸君!』を併読しつつ

四半世紀前と比較すれば、自民党の「保守本流」と呼ばれた旧宮沢派（宏池会）あたりのスタンスまで〝サヨク〟呼ばわりされ、極右少数派・青嵐会のような立ち位置が保守の主流とされるご時世だが、私自身は自らを「中道左派」くらいの人間だと思っている。

本来なら、保守的な考えにも抵抗は感じない。あえて言えば、日本人自身による第二次世界大戦の徹底検証と新たな歯止めをつくる法制化とセットなら、憲法九条の改正も容認する。駐留なき安保を実現するためにも、自主防衛の強化は望ましいと考えている。

保守、リベラル、社会民主主義、といった範疇なら、特定の政治的立場にさほど執着はない。国家主義や共産主義といった両極の全体主義を警戒するだけで、それ以外はノンポリ的立場だ。新聞記者時代は、警察や役所、地方政界関係者など保守寄りの人のほうが、付き合いが広く、深かった。

好悪の感情は、イデオロギーそのものより、人としての道義的な部分に湧く。それはどこか、司馬遼太郎の幕末の作品を読む感覚にも似ている。薩長の志士であれ、新選組であれ、尊敬に値する人には好感を抱く。人を使い捨てにする、裏切る、保身に走る……、そんな唾棄すべき人間は左右双方にいる。

受け入れられないのは、保守主義でなく国家主義であり、人種差別主義、歴史修正主義である。現在の自民党政権の最大の問題は、自由も民主も嫌ういびつな思想を持つ人が多数混在し、真っ当なはずの保守政治家がそれを許していることだ。

暴力革命は論外だし、共産主義体制も嫌だが、日本共産党が自由主義経済の変更を言い出さない限り、国家主義政権との二者択一なら共産党を含む連立政権のほうがベターだと思っている。

私が〝いまふうの愛国者〟つまりはネトウヨに嫌悪感を抱くのは、何よりもヘイトスピーチやデマの流布などの行状が〝人として〟許しがたいからだ。強固な思想を抱いても、異なる立場への配慮や敬意を忘れない。かつての右翼や左翼には、そんな人がいたものだが、最近はそこが様変わりしてしまった。

仕事先との付き合いも同じだ。私が過去、記事を書いてきた媒体は、文藝春秋社のオピニオン誌『諸君！』（二〇〇九年に休刊）から『週刊金曜日』まで左右幅広い。最も多く仕事をした媒体のひとつは保守系の『週刊文春』だし、短期間、文春の特派記者という立場にいたこともある。

フリーに転身して間もないころ、こんなことがあった。

ある地方取材の際、面識のある朝日記者が現地にいたことから、協力を求めようと連絡をとってみたところ、ものの見事に断られてしまったのだ。

「よりによって文春の取材になぜ協力しなければならないのか」

その人にとって文春はあくまで〝敵対メディア〟であり、そんな雑誌で仕事をする私は、とんでもない〝転向者〟に映ったようだった。

私自身は媒体や所属企業より、あくまでも個人を重視する。もちろん媒体によって載りやすい記事、載りにくい記事はあり、そこは考慮して企画を持ち込むが、原稿の中身を変えはしない。トーンの変更を求められるなら、別の媒体を探す。

いずれにせよ、前章で言及したような「説得力あるファクト」さえあれば、さほど自社カラーにこだわらず認めてくれる編集者も、あちこちにいるのである（そのような幅のない媒体には、そもそも近寄らない）。

そのときの地方取材は、イラク派兵を控え、葛藤する自衛隊員の本音を聞き歩くものだった。朝日新聞っぽいテーマに思えるかもしれないが、現場のリアルな肉声を追う企画は、文春でも何の抵抗もなく採用してもらえた。

このような私の感覚は、生まれ育った環境の影響が大きいと思う。

父親は防衛大学校の創設時に教壇に立ったこともある化学者だが、家で取る新聞は、物心ついたときから朝日だった。一方で、同居する祖父は、右派雑誌『諸君！』を定期購読し、お気に入りのページに赤線を引きながら読むような人だった。

五歳年上の兄の書棚には、朝日の人気記者・本多勝一の著作が並んでいて、左翼学生のバイブルとも言われた『朝日ジャーナル』が置かれていることもあった。

私はそれらの活字に手当たり次第、目を通し、さまざまな対立的言辞を一定の距離感で読む習慣を身につけていった。口はばったい言い方をすれば、この作業で一定のリテラシーを体得したように思う。

当時から『諸君！』の売り物のひとつは朝日批判だった。「朝日新聞は日本のプラウダか！」

という特集タイトルをめぐって、朝日と広告掲載で揉めていたことを覚えている。冷戦下における論争の中心は、ソ連報道や文革の評価などだった。

そういった情報に触れ続けて、自分なりに思うようになったのは、活字媒体の論争は対面のディベートより語り口の印象に左右されない分、内容勝負にはなるものの、それでも基礎知識のない読者には、優劣の判断はなかなかつけられない、ということだ。

プロの論者たちは分の悪い論点をずらす技に長けているし、そこで使われるデータの信頼性もよくわからないからだ。

一方の論文を読み「なるほど」と思っても、反論を読めばまた、そちらにも一理あるように思えてくる。

たとえば、これは私が記者になった直後の企画だが、ロッキード裁判をめぐって『朝日ジャーナル』で立花隆と渡部昇一が論争を繰り広げた連載があった。この手の論争では珍しく、法律論の知識で圧倒する立花が渡部を論破し続けたワンサイドゲームに見えた。しかし、田中角栄を擁護する渡部は頑なに敗北を認めず、熱烈なファンもいたことから、右派論客として渡部の地位が揺らぐことはなかった。

世のジャッジの不可思議さを、私は痛感したものだった。

立花本人はこの体験を後年、こう振り返っている。

《渡部氏の議論に対しては、事実による反駁も、論理による反駁も何の役にも立たない。渡部氏はそうしたものに何の痛痒も感じないのだ。事実と論理によって何度打ち倒されようと、渡部氏は黙って再び身を起こす。そして同じ議論を繰り返す》（『論駁Ⅲ　ロッキード裁判批判を斬る』）

まるで「ポスト真実」を先取りするような話だが、ここまで極端な例は別にしても、中立的な読者として、論争の優劣を判別することは容易ではないと思ったほうがいい。

冷静さ・客観性を失った保守論壇

一定の情報量のある紙媒体の論争でさえそうなのだから、ネット上をウロウロするだけでリテラシーなど身につくはずはない。

判断力を養うには、論争をあくまでも〝テーマへの入り口〟と捉え、関連する文献を多角的に読み込む以外にない。知識不足の段階では判断を保留して、知識を蓄積する。その繰り返しだけがリテラシーを形作る。

ネットの世界における恐るべき言論の劣化は、何も知らない人間が厚顔にも天下に自説を開陳して恥じないこと、この羞恥心の消失にこそあると思う。保守を標榜する人が、日本的奥ゆかしさの欠如を自覚しないのだ。草野球好きの素人が、イチロー本人にバッティング技術のダメ出しをする。そんな光景がネット空間では日々繰り広げられている。

自らの学生時代を振り返れば、読んでいた『諸君！』の朝日批判では、全体として『諸君！』に分があったように思う。当たり前の話だ。批判する側は、朝日紙面を隅々まで読み込んで、欠点を見つけては論争のタネにする。反論はどうしても防戦一方になる。

朝日記者も右派論壇や論者個々人の言説をフォローして、その弱点に攻め込めば〝イーブン〟になるのだが、それはしなかった。

嫌な言い方になるが、彼らは右派を相手にしなかった。その雰囲気は、私の入社後も残っていた。それほどに当時は左派・リベラルのスタンスこそ、王道と見なされていて、左右の論壇には力の差があった。『諸君！』的な物言いは、主流の言論に茶々を入れるツッコミのような役回りでしかなかった。

朝日新聞の上丸洋一編集委員の著書『「諸君！」「正論」の研究』によれば、一九八一～八四年の『諸君！』編集長・堤堯は、朝日批判に力を入れた理由を「朝日が日本最大のオピニオンリーダーだからです」と説明し、七七～七九年の編集長・竹内修司は「もともと文藝春秋という出版社は、アンチ左翼ではあっても右翼ではなかった」と語っている。イデオロギー論争は存在したものの、両者の対立はまだ、現在ほど殺伐としてはいなかった。

月刊誌『WiLL』や『Hanada』の編集長として昨今の右派潮流をつくった〝功労者〟のひとり・

花田紀凱にしても、『週刊文春』の名物編集長だった九一年当時、朝日新聞の取材を受け、こんなふうにコメントしている。

「誌上に朝日批判を載せる機会が多い理由は、建前でいえば日本の新聞の代表だから。本音でいえば、朝日のことを書くと売れるからです」

昔の『諸君!』は基本的に冷静な立ち位置から、悪く言えば〝ネチネチと〟朝日的「思い込み記事」を揶揄し、諫める雑誌だった。縮刷版を実に根気よく読み込んで矛盾点を見つけ出し、〝実証的な批判〟に徹していた。

それに比べると、平成になって以降、保守論壇による〝朝日叩き〟には安直な手抜きが目立つようになった。インターネットがまだ普及する前の時代、図書館で縮刷版をめくる労を惜しみ、七〇～八〇年代の『諸君!』や『正論』からデータを借用した朝日批判が増えていった。現役記者だった私は、入社するはるか以前のことばかり羅列する批判記事を読み、時代錯誤感を味わったものだった。

ちなみに『諸君!』『正論』の論調が、日本の侵略戦争まで否定して、国家主義的な度合いを強めるのも平成になってからの傾向だ。それ以前はベストセラー『大東亜戦争肯定論』の著者・林房雄や渡部昇一さえ、あの戦争の侵略性は認めていた（このふたりはやがて、保守論壇で侵略をテーマに対立する）。

右派論壇でデータの集め方、議論の展開が粗雑になる一方、その論調は年を追うごとに過激さを増し、結果的に支持層は拡大していった。

私と同様に学生時代からの読者、自民党元幹事長の石破茂は、『諸君!』が休刊する二〇〇九年の最終号に寄稿して、「(『諸君!』の論調に)いつの頃からか、少しずつ違和感を覚えるようになった。ストレートな物言いが感じられるようになり、真骨頂であった『静かに本質を語り、皮肉を効かせる』姿勢が影を潜めたように思われた。これは私が変わったのか、『諸君』が右寄りになり『右にいると真ん中も左に見える』現象が起こったのか、そこはよくわからない」と、辛口の言葉を贈っている。

このように学生時代から朝日批判を目にしながら成長した私が、よりによって朝日記者をなぜ、目指すようになったのか。理由は明確だ。私の関心は主義主張でなく、人間や社会そのものにあったからだ。

右派論壇による朝日批判、リベラル批判には、確かに理のある内容も見られたが、結局のところ、社会の不条理や問題点を発掘しているのはリベラルの側だった。保守はただひたすらそれにけちをつけ、社会問題に蓋をする。そんな構図にしか見えなかったのである。

ノンフィクション黄金期の記憶

何年か前、朝日時代の仲間と再会して酒を酌み交わし、こんな話になった。自分たちの世代には、ノンフィクションや記録文学に憧れて、間違えて新聞社に入ってしまった人間が相当数いるはずだ、と。少なくとも、私やその旧友のようなタイプはそうだった。彼自身、一線の記者をしながらも、いくつかルポルタージュ作品を本にしていた。

当時のノンフィクションは、それほどにジャーナリズムと境界線がなく、両者は地続きの仕事に見えていた。

いざ就職してみれば、日刊紙を作る仕事は別個のものだった。一九六〇～七〇年代にベストセラー作品を量産した本多勝一のような人は例外中の例外。圧倒的多数の新聞記者たちは、デイリーの単発記事にエネルギーを傾注して職業人生を全うする。

一冊のノンフィクションを書き上げるような長尺の仕事は、よほど特別なポジションに就くか、周囲の白眼視に耐えて我を通す以外、書く術はなかった。朝日に在籍中、私はそこまでの挑戦をしたことはないが、数回から十回程度の連載企画さえ、「記者の本分はストレートニュースだ」という叱責や嫌味を言われつつ、かろうじて認めてもらっていた。

元同僚との酒席では、そんな新聞社の基本さえ理解しないまま入社した自分たちの迂闊さを

「勘違いだった」と笑い合ったのであった。

私たちが高校・大学生活を送った七〇年代から八〇年代にかけては、ノンフィクションの黄金期だった。多くの同世代は、日々の新聞紙面やテレビニュースでなく、数々のノンフィクション作品を通じてジャーナリズムをイメージしたと思う。

有名な書き手には、新聞やテレビからフリーに転じた人が多かったし、現役記者もいた。私が最初に触れたのは、前述したように兄が好きだった本多勝一の諸作品。その後、立花隆や沢木耕太郎、本田靖春、柳田邦男、鎌田慧、上野英信といったフリーランサーの名を、質の高いそれぞれの作品を通じて知るようになっていった。

新聞記者の世界に関しては、読売新聞の大阪本社社会部を率いた名物部長・黒田清率いる通称「黒田軍団」の書籍から、その生き生きとした空気を感じたものだった。『誘拐報道』『武器輸出』など「軍団」の一連の作品は、いわゆる新聞社的な客観報道でなく、ネタをつかみ、掘り起こす記者たちの姿もドキュメントタッチで描いていて、舞台裏の息遣いが感じられるものだった。

そんな時代に、私は、人と会い、現地を訪ね、文章を書くという仕事への興味を、狭義の「報道」でなく、これらの「作品」を味わうことによって育んだのだった。その魅力は多分に、単行本ならではのストーリー性に由来していたのだ。

前章で私は、昨今の報道には「実相を知りたいというフラットな好奇心」が弱まっている、という印象を綴った。思えば、自分の仕事への意欲がそういった好奇心をベースにしているのも、この「ノンフィクション全盛期」に育ったせいなのかもしれない。

個人的な認識では、記者にはふたつのタイプがあると思っている。ひとつは社会をより良い方向に導きたいと願う世直し型・正義漢タイプ、もうひとつは、何よりも自分自身の好奇心を満たしたいという自己充足型である。私は明らかに後者に属している。

小田実の『何でも見てやろう』や沢木耕太郎の『深夜特急』を想起してくれればいい。未知の世界に身を投じ、人々と触れ合い、歩き回りたいのである。幼子が『ガリバー旅行記』を読み、興奮する感覚の延長だ。

写真には関心がないくせに、報道写真家のロバート・キャパや沢田教一に憧れを抱いたのも、同じ意味からだ。極論すれば、報じることは二の次、三の次。自分自身が存分に見聞を堪能したいのだ。

世直し型の人は違う。世の中の課題や矛盾を改善することを重視する。

問題は、その前提となる認識を疑う視点を持ち得るかどうかだ。他者を論破して屈服させたがるタイプは、往々にして探求心が浅い。読みかじり、聞きかじりの認識で簡単にスタンスを決めてしまう。社会に強い影響を与えようとするために、「結論ありき」の記事を書いてしまいがちなのは、この手の記者である。

本当のところはいったいどうなのか。主張する前に、より深く状況の把握を試みる。素朴な好奇心で動く探求型のほうが、その点は慎重だ。

正義感よりも好奇心。自分のこんな性格にも、生まれ育った環境と時代の影響があるように思える。

一九六一年生まれの私は、全共闘世代のひと回り下になる。世代論としての位置づけでは、すぐ上の「しらけ世代」よりさらに個人主義的な「新人類」と呼ばれた。

小中学校時代はスポ根マンガの最盛期。高校時代に田中康夫の『なんとなく、クリスタル』がベストセラーとなり、大学時代にフジテレビ『笑っていいとも！』が始まった。司会者のタモリは「ネクラ（根暗）」という言葉を流行らせて、地味で内省的な性格は疎んじられるようになった。若者は、急速に花開く消費文化とサブカルチャーの新時代に、懸命に適応しようとし、社交性を演じた。

幼少期には、駅前で物乞いをする傷痍軍人の姿など「戦後」を感じさせる光景がまだ残っていたものの、中産階級が大半を占める首都圏のベッドタウンで思春期になるころには、「貧困」を実感する光景はほとんど目にしなくなっていた。

学園紛争をピークとする政治の季節はすでに跡形もなく、米ソ二大超大国による冷戦構造と自民党の一党支配体制は未来永劫続くかに思われた。いい大学を出ていい会社に入り、定年まで安定した生活を送る。ありがたくも退屈な人生のレールが、未来を色褪せて感じさせていた。

そんな中、数々のノンフィクション作品は、穏やかな日常に覆い隠された、矛盾に満ち、ドロドロとした社会の最深部、張りぼての現代の裏側にある戦後の傷痕を示してくれていた。途上国のルポを読めば、戦乱や革命など、音を立てて動く世界史の最前線を感じることができた。

そう、私にとってジャーナリズムとは、平板な日常の向こう側にある、未知の世界を垣間見る窓のようなものだった。

「ネクラ」というタモリの言葉にふと、連想が広がる。活字離れや「反知性主義」といった近年の現象は、さかのぼればこの時代の世相に行き着くのかもしれない。昨今の〝ネトウヨ〟や〝冷笑系〟と呼ばれる人たちには、私たちの世代を先頭にその少し下、四十〜五十代が多いという。何となくわかる気がする。

上の世代には、背伸びをした〝見栄を張るための読書〟によって知性を鍛えられた、と述懐する人たちがいる。私たちは違った。大学の単位取得に必要とされる以上の人文的な教養は、もはやマニアックな趣味の領域でしかなかった。読書家であることは世間体として、とくに価値を持たなくなっていた。となれば、多くの大学生が自己研鑽をサボり、キャンパスライフを謳歌する方向に走るのは、自然の摂理だった。

しかし、そのことは一方で、どこか引け目として心の片隅に残り、本嫌いを堂々と公言する昨今の若者ほど、開き直る気分にもなれはしなかった。

タモリ本人は知性を隠し持ち、知性を笑う人だったが、私たちの多くは、空疎な時代を空疎なまま生きてしまったのだ。

そんな価値観の境目に居合わせた屈折が、前世代の知性・価値観への反発や冷笑といった形で現れるのではないか。そんなふうにも思えるのである。

さらに言えば、旧社会党の消滅や〝諸悪の根源たる日教組や朝日新聞〟の衰退は、一定の割合の人々には喜ばしく映るかもしれないが、その一方、在日から障害者、生活保護受給者など、あらゆる弱者への差別が過去から復活した殺伐とした風景に、同世代であれば、いくばくかのざらついた気持ちは湧くはずだ。

『鉄腕アトム』や『ジャングル大帝』など幼い日に親しんだ手塚治虫作品のようなヒューマンな価値観は、遠い過去のものになってしまっている。

天下国家の難しい話より、私にはそのことが堪らなく思えるのだ。

記者の常識だった「報道の基本」

さて、ここまでは、ノンフィクション全盛期に思春期が重なった時代背景に、自らの〝探求型キャラクター〟の理由を探ってみたわけだが、〝世直し型〟が重視する規範や倫理に関しても、その原則的な価値観は、職業上の大前提として、あのころの若い世代には認識が共有されていたように思う。

ジャーナリズムとは何か。どのようにあるべきか。そういった心得のような話は、入社直後の研修などを除けば、取り立てて教え込まれる場面はない。その点はもう、言わずもがなのことだとされていた。

おそらくこの「報じる側の立ち位置」というポイントも、ジャーナリズム・ノンフィクション系の書籍を読む中で私たちは自然と学んでいた。評論家やエッセイストには保守の人もいたが、報道に軸足を置く人は、その大多数が左派もしくはリベラルで占められていた。

立花や沢木、本田、柳田など、文藝春秋社に育てられ、支えられたノンフィクション作家たちもまた、そうだったことが興味深い。

文春がこのジャンルを重視したことは、七〇年に大宅壮一ノンフィクション賞を創設した点にも見て取れる。当時の社長・池島信平は、右派オピニオン誌『諸君!』を創刊する一方で、数々のリベラルな書き手もサポートしてきたのだ。

大宅賞はその設立当初、芥川賞や直木賞に匹敵する文学賞になる可能性さえ指摘され、当時は「ノンフィクションの時代」の到来がさまざまに語られたものだった。

第一回の受賞作品には、ニューギニアを舞台とした戦記作品『極限のなかの人間』（尾川正二）ともう一点、水俣病を描いた石牟礼道子の作品、いまや戦後文学を代表する名作にも数えられる『苦海浄土』に決まったが、石牟礼は賞を辞退。そんなエピソードも人々の話題を呼んだ。

大宅の評伝『マスコミ帝王　裸の大宅壮一』（大隈秀夫）によれば、石牟礼は「水俣病で死んでいった人々や今なお苦しんでいる患者がいたからこそ書くことができたのです。わたしには晴れがましいことなど似合いません」と受賞辞退のメッセージを寄せたという。

そういった時代背景の中で共有されていた、ジャーナリズムの基本原則とはどんなものだったか。難しいことではない。

報道の最大の責務は、「権力の監視」にこそある。

突き詰めて言えば、この一点である。

新聞の歴史をさかのぼれば、まるで違っていた時代も多々あるし、世界的な現状を見渡してもバラツキは大きい。それでも、戦後の報道界においてこの基本は明確に認識されていた。報道と権力が一体化した時代、あの戦争への深い反省から大切にされた教訓であった。

一方で、「御用記者」「御用メディア」という言葉も、当時から存在した。権力の代弁者のような記者は、いつの時代にもいる。政治記者の間では新聞社を足場に、政権与党の政治家になる人もいて、事実上権力への道筋のひとつにもなっていたようだが、それでも他部の記者仲間の前で表立って言える話ではなかったはずである。

「御用記者」呼ばわりされる本人も、あくまでも自分は〝是々非々〟のスタンスで〝べったり〟ではない、批判すべきときは批判する、などと抗弁していたに違いない。それほどにかつて、この言葉は強烈な蔑みの響きを帯びていた。

そう考えると、今日の状況はあまりにも寒々しい。いくつもの新聞社やテレビ局が、半ば開き直ったように政権の側に立つ。一部評論家やジャーナリストはさらに露骨だ。

新聞が自社のスタンスに近い政党を支持するのは構わないと思う。だが、その党が政権に就いた暁には、今度は国家権力を握る勢力として仕切り直し、厳しく監視の目を注ぐべきなのだ。他党との比較ではない。政権与党は別格の力を持つ存在になる。その相手との関係に緊張感を失ったら、それはもうジャーナリズムとは呼び得ない。野党との政権交代を望まないからといって、政権に白紙委任状を渡してはならないのだ。

多数決を原則とする社会では、少数者には不利益のリスクが付きまとう。政策そのものは認めても、その犠牲の度合いやプロセスの妥当さには常時、目を光らせる存在が必要だ。マイナス面が看過しがたいレベルなら、政策そのものにも反対すべきだろう。権力には逸脱や濫用、腐敗の問題もつきものである。

選挙結果こそ民意だ、と監視責任を放棄してしまったら、政府の広報紙、与党の機関紙に成り下がってしまう。〝べったり〟とは言えなくとも、権力を恐れて批判を鈍らせてしまうようなメディアも、責任の放棄という点では同罪である。

その意味で日本のメディアはもう、危険領域に足を踏み入れたと言える。

「権力の監視」以外では、「弱者の側に立つ」ということもかつてはよく言われた。

こちらの原則はやや微妙で、実際に報道に携わるとケースバイケース、弱者に〝大義〟がない場合もままあって、鉄則とまでは言いにくい。それでもできる限りその立場を目指すことは、基本姿勢とすべきだろう。

権力による強引な政策では、弱い立場にある少数者が真っ先に犠牲になる。多数決ではこぼれ落ちてしまう多種多様な世論から、知らしめる必要のある言葉を拾い上げ、多数派に配慮を訴える。これもまた、記者ならではの責務である。

「原則」が失われた時代に

二〇一五年の春、私は『望星』の連載を始めるにあたって、複数のメディアの知り合いに声をかけ、入社して十年未満の若手記者五人から話を聞く機会を得た。

新聞社を辞めなければ、私も四十歳ぐらいでどこかの支局でデスクになり、その後も若い世代と働いていたはずだが、実際には長いこと二十代の同業者と話すことはなかった。そんなブランクもあって、彼らとの対話は実に刺激的だった。

何よりも驚かされたのは、五人中四人が、入社前の段階で名前を知るジャーナリストがゼロだったことだ。中にひとり、〇八年に他界したキャスターの筑紫哲也の名を挙げる人がいたが、それだけであった。

プロを目指すサッカー少年なら、メッシやネイマールを知らないはずはないし、小説家や音楽家になりたい若者も、好きな作家・アーティストはいるだろう。

ジャーナリズム・ノンフィクション志望者の世界も、昔はそうだった。

しかしこの若者らに聞くと、彼らは学生時代、憧れたり尊敬したりするどころか、そもそもジャーナリストの職に就く人物を、ひとりも著名人として認識しなかったというのだ。

メディア志望者でさえそうならば、一般の学生は言うまでもないだろう。ジャーナリストはもう、そこまでマイナーな職業になってしまったのだ。

読んで印象に残っているノンフィクション作品もゼロ。複数の若者は本書の冒頭で言及した横山秀夫の『クライマーズ・ハイ』を挙げたが、残念ながらこれは、報道の世界を描いてはいるものの、ノンフィクションではなく小説である。

ノンフィクション作品がめっきり売れなくなったのも、当然のことだった。カテゴリーそのものが、若者の間では消滅したに等しいのだ。

嘆いても仕方がない。

さまざまな個性が、固有名詞で活躍できる世界ではなくなったとしても、組織としての報道機関はいまもまだ厳然と存在する。

そこで働く一員としてこの五人を見た場合、その印象は事前の予想を覆し、みな極めて真面目そうだった。

少し前、私より何歳か若い朝日の旧友と話したとき、「最近の若手は昔よりずっとまともな記者が多い」と聞かされたことがある。その通りかもしれない。そのときの解説はこんなことだった。

「昔は人気企業として、役所や銀行などと併願して〝たまたま記者になった〟というタイプも多かったですけど、こんな時代にあえて新聞社に入る若者は、それなりの覚悟を持って集まっているのです」

確かに八〇年代を振り返れば、ふわふわした感覚で記者になった同僚も少なからずいた気がする。人のことは言えない。私自身、速報性を求められる新聞社に入りながら、その〝本分〟たるデイリーの紙面づくりに没頭せず、企画性の高い仕事ばかり志向して、組織からはみ出た社員になってしまった。

五人の個性はそれぞれに興味深かった。とくにそのひとりは、派遣労働者として働く日々の中、この国の経済構造や格差に関心を抱くようになり、改めて新聞を精読する習慣を身につけて一念発起、新聞社への就職を果たしたという。

知り合いや身内に新聞記者がいて、そのリアルな働きぶりを認識したうえで、同じ仕事を選択した堅実なタイプも複数いた。

もうひとつ意外だったのは、三十歳前後の彼ら彼女らが周囲を見渡しても、いわゆるネトウヨ的な友人や知人はいない、と口を揃えたことだった。

「マスゴミ」というネットスラングの存在は知っているが、現実にその手の言説とリアル社会では出会わない。ネット空間では膨大な数に見えるが、現実には極めて限定的な声であることを、彼らは実生活の中できちんとつかんでいた。

この点では、旧世代の私たちのほうが、ネット世論の不気味さを深刻に考えすぎているのかもしれない。そもそもネット右翼の実態は若者より、私たちの世代、四十～五十代が中心とも言われている。

ただあえて話を引き戻し、彼ら若い記者たちがジャーナリズムやノンフィクション作品に触れないまま就職した、という点にこだわれば、そこには一抹の不安を感じざるを得なかった。あるべきジャーナリズム像、職業倫理の継承、という部分への不安である。

本章で私は、自分たちにとってそういった話は〝言わずもがな〟だった、と説明した。ノンフィクション全盛期に数々の作品に触れてきた中で、それは自然に身についていたことだったと。

しかし、三十年前と現在とでは、環境があまりにも変わってしまっている。

もはやジャーナリズムの倫理や原則は、入社後にしっかりと学ぶ機会を設けない限り、身につかない、そう考えるべきではあるまいか。そういった社内教育のノウハウを報道機関は導入しているのか。それとも、相変わらず現場に放り込み、〝何となく体得させる方式〟のままなのか。

改めて考えれば、職業倫理を言わずもがなで知るはずの五十代にしたところで、彼らが取り仕切る各メディアの現状は、この体たらくである。五十代以上の御用ジャーナリストもウヨウヨいる。自分たちでは若き日に体得した、と思い込んでいるジャーナリズム精神なるものも、現実にはそれほどのものではなかったのかもしれない。

だとすれば、それこそもう一度、青臭く仕切り直しをして、原則を再確認することが欠かせない気がする。ぐずぐずとすべてが崩壊してしまわないうちに。

それでも、若い情熱には限りない可能性がある。私は、ひとりが口にしたこんな言葉からそう感じた。

「メディアはいま、いろいろ批判されますが、萎縮しているのはメディアじゃなくメディア幹部だと思います。私たち、現場にいる記者は、脇を固める必要は感じていますけど、萎縮なんてしてはいませんよ」

第二章　報道現場のリアル

タテ社会の新人教育

新聞記者だった時代も、フリー記者として雑誌記事を書いてきた中でも、ジャーナリズムのあり方などという〝そもそもの話〟を考えたり、仲間内で語り合ったりした記憶はほとんどない。せいぜい赤提灯で気に入らない上司の悪口を言う際に、もっともらしい仕事論をまぶしていたくらいだ。

今回は、こうして自分なりの思いをまとめる機会を得たのだが、これほど真剣に自らの職業について考えた経験は、駆け出しの新聞記者時代までさかのぼっても、ほぼ初めてと言ってもいい。それと比べれば、ただ漠然とこの世界に憧れていた学生時代のほうがまだ、ジャーナリズム論の書物はあれこれと読み漁ったものだった。

では、実際にジャーナリズムの一線で働く記者たちは日々、何を考えて仕事をしているのか。これはもう、至って単純だ。スクープを取りたい。目立つ記事を書いて評価されたい。目の前に吊るされた人参に食らいつこうとする競走馬のように、しゃにむにその一心で走り続けるのだ。

ある程度のキャリアを積み、自分なりに仕事の評価軸・美意識が定まってくると、上司の歓心を得るよりも、自分として納得のいく「読み応えのある記事」を追求し始める。かと思えば、これといった価値観を持たないまま、社内評価だけを基準に働き続ける者もいて、その辺からタイプは分かれてゆく。

上司も同僚もいないフリーランサーは、何もかもが自分との闘いである。納得のゆく仕事をする。そしてとにかく稼いで食いつなぐ。基本的にはそれだけだ。

何を言いたいのかと言えば、多くの記者は、自らの職業観を経験の中で育んでゆくもので、考える人は考えるし、考えない人はさほど突き詰めて考えない。あくまでも自分次第だ、ということだ。

例外は、駆け出しの数年間。報道記者という枠型に人材を当てはめるこの時期には、ほぼすべての新人が、似たような下積み生活を体験する。少なくとも四半世紀前はそうだった。

そこでは記者としての基本動作を否も応もなく、叩き込まれたものだった。料理人の修業が皿洗いから始まるように、ただひたすら先輩や上司に命じられるまま、動き方を学んだ。新人への要求をひとことで言えば、机上の空論をこね回す前に、とにかく話を聞いてくること、そんなパブロフの犬のような反応である。真夜中でも早朝でも上司は情け容赦なく、理不尽とも思える要求を突き付ける。私たちの世代は、そんな若き日を送った。

私は自らの目指す取材記事の要素として「バランスとリアリティー」を重視してきた、とすでに説明した。しかし、それは何年かの職業経験を経て、ひと通り仕事をこなせるようになったあとの話だ。駆け出し時代にもし、「バランスなど気にせずに徹底的に批判しろ」と命じられたなら、それ以外の選択肢はあり得なかっただろう。

そう、あの当時、若手記者の世界は、前時代的な上意下達の体質が色濃く残る空間でもあったのだ。

半人前の仕事しかできない人間に、生意気な口を利く権利はない。職人気質に似たそんな雰囲気を先輩記者たちは漂わせていた。前章では、ジャーナリズム・ノンフィクションの黄金期、世間一般にもリベラルな報道のイメージが共有されていたことに触れたが、現実の職場は打って変わって封建的だった。

最近の職場環境はわからないが、一九八〇年代の新聞社の支局は、とにかくタテ社会、入社年次が一、二年違えば、上下関係は歴然としていた。

人権だ、民主主義だ、反権力だ、などと書物で得た知識で、〝頭でっかち〟になって入ってきた新人は、いきなりそのプライドを粉々に潰されてしまう。ジャーナリズムとは……などと青臭い理屈を口にしようものなら、「百年早い」と大目玉を食らうのが関の山だった。

いま思えば、このような環境には功罪両面があった気がする。

青白き偏差値秀才がいかにして、愛想の欠片もない大人たちの間に入り込み、話を聞く術を身につけるか。いったいどうすれば、少しは読むに堪える文章が書けるようになるのか。箸にも棒にもかからない新人を、ある程度の仕事を任せられる記者に育てるには、最短でも二、三年はかかると言われていた。

しかし、地べたを這う現実の厳しさを教えるのはいいのだが、その後、自分なりの理念を再構築することなく、型にはまった記事を再生産し続ける人も、現実には少なくない。

見習い期間に体得できるのは、指示を受け、情報を集めて整理するデータマンとしての基礎だけだ。自分の頭でモノを考える能力は、また別の話である。スパルタ式で初級編を終え中級編に入ると、途端に何の指導もなく、手探りの試行錯誤の中、独力でスキルアップを図るしかなくなってしまうのだ。

テーマ選択でも、ネタの切り口でも、文章表現のレベルアップでも、「その先」に向上心を持つ記者と持たない記者はこうして分かれてゆく。勤勉に汗をかく、という一年生記者の価値観しか持たず、年齢を重ねる人もいる。

単純なミスを原因とする誤報や、記事の剽窃など、基本動作にかかわる欠陥報道は、問題の所在がすぐ見つかり、わかりやすい。しかし、誤報とまでは言えないが、報道のニュアンスをめぐる問題が、世論や世相にまで影響を及ぼすとき、その改善には報道の質をめぐる一段上の議論が必要となる。

しかし中堅以上になると、記者同士で互いの仕事への意見交換は驚くほどなくなり、人それぞれ〝タコツボ〟にこもりがちになる。陰口のような批判は山のように言い合っても、互いを高め合う直接の建設的対話は行わない。

過去四半世紀、メディアが時代に対応できず取り残された背景には、こうした職場環境の〝風通しの悪さ〟にも遠因があるように私には思えるのだ。

サツ回りで直面するジレンマ

頭でっかちのプライドを初日からへし折られる。全国紙の場合、そんな洗礼を受ける舞台は、最初に配属される地方支局である。

かつての朝日では二カ所約五年間の支局勤務を経たのちに、東京、大阪などの本社に異動となり、本社での配属先は地方での仕事ぶりの評価にかかっていた。

支局長プラスふたりの記者だけで埼玉県北部をカバーする小支局に赴任した私のように、県庁所在地以外に配属される新人は少数派で、ほとんどは大所帯（十数人）の県庁所在地支局から記者生活を始めた。当時の一年生記者は、着任から半年間、もしくは一年もの間、支局内にある二段ベッドで暮らすのが通例であった。

携帯電話もなく、緊急の連絡手段はポケベルだけだった時代、支局には記者が交替で泊まり込み、夜間警戒にあたったが、支局暮らしの新人は毎日が宿直のようなもので、事実上二十四時間、仕事漬けの環境に置かれた。

衛星支局と呼ばれる小支局に着任した私は、幸いにもアパート住まいを許されたが、夏の高校野球地区予選（七月）が終わるまで休みは与えない、と言い渡されたものだった。

誰もが携帯を持つ現在では、新人の支局住まいどころか、宿直勤務も廃止されたようだが、いま思えば、それまでは労働基準法も何もないブラック企業まがいの職場環境に記者たちは置かれていたのである。

一年生記者にまず課せられるサツ回り（警察担当）もストレスに満ちていた。

入社前、ジャーナリズムのイメージを観念的に描いてきた新人は、ここで最初の葛藤にぶつかる。報道の本分は権力の監視だ、などと原則論に凝り固まっていると、捜査員の懐に飛び込むことを求められるサツ回りの仕事には、どうしてもジレンマを感じるのだ。

ただでさえ、理屈っぽいタイプは警察官に嫌われる。好まれるのは、可愛げのあるひたむきな好青年タイプ、体育会系の若者だ。警察になど媚びたくないというプライドと、いつまでも対象との関係を築けない己の不甲斐なさ、多くの新人は最初の何カ月間か、このふたつの価値観の葛藤に悶々とする。連日の夜討ち朝駆け、支局住まいで体力の消耗も著しい。

それでも、歳月を経て記憶が美化された面もあるだろうが、取材上不可欠な基本、多種多様な相手との接し方を学ぶには、サツ回りの荒っぽい洗礼はある意味、効率的なメソッドでもあった気がする。

捜査員からすれば、毎年、入れ替わりで青臭い新人記者がやってくる。「あっちに行け」「邪魔だ」と邪険にしながらも、地道に地取り（聞き込み）を重ねる熱心な記者には、ねぎらいの言葉をかけたりもする。

事件の究明を目指し、地を這うように情報を集める。その一点で仕事に共通性のある捜査員と記者たちには、どこか身内意識に似た感情も生まれやすく、伝統的に独特な関係が築かれてきたのだろう。

ただし、サツ回りの記者たちが競うのは、日テレの清水潔の言うところの「エゴ・スクープ」、いずれ明らかになる情報の先取りがほとんどだ。

当時、研修などで聞かされた説明では、相手が出したくない情報を取ってくる、という意味合いでは、調査報道にも同じようなノウハウが必要で、サツ回りの努力が無駄になることはない、ということだった。

サツ回り経験のない清水が、調査報道の金字塔を次々と打ち立てたことを考えると、この説明ももはや眉唾だが、個人的な感覚では、サツ回りはそのスタイルを絶対視しなければ、それなりに学ぶこともあった気がする。

記者が相手との特別な関係を築き上げ、手に入れようとする情報には二種類ある。相手が知っている第三者についての情報と、その相手本人にまつわる情報である。前者の対象は、情報が集中する立場にいる人間だ。

サツ回り記者が警察に食い込もうとするのは、彼らが把握する捜査情報を得るためだが、たとえば、政治部の記者などは、政治家から政界全体の情報を聞き出すばかりでなく、時にはその政治家自身のことを聞く必要もある。

自らに不利な情報をおいそれと明かす人はあまりいない。どうしても話す必要があるときには、好意的に手心を加えてくれそうな記者に話す。

政治部記者が癒着型、つまり相手に都合の悪い記事は書かない記者になってしまいがちなのはこのためだ。

サツ回りの場合、通常は警察官個々人の所業を報じるわけではなく、親密になることに抵抗は少ないが、まれに警察の不祥事や不手際が表面化したときに、この問題が浮上する。

「エゴ・スクープ」競争であまりにも〝癒着型〟の関係ができてしまうと、対警察の批判力は損なわれてしまうのだ。

二〇〇三年、北海道新聞は道警の裏金問題を追及し、取材班は翌年の新聞協会賞を受賞したが、その後、道警からさまざまな圧力を受け、経営陣は屈服する。

一連の経緯は取材班キャップだった高田昌幸（現高知新聞記者）の著書『真実　新聞が警察に跪いた日』に詳しいが、組織単位でも困難な警察との対峙に、個々のサツ回り記者が挑むのは、現実には並大抵のことではない。

「御用記者」をめぐる問題の根本には、このような取材源との関係の難しさが横たわっている。報道記者はそのキャリアの第一歩に、青白き原則論を捨て、相手の懐に飛び込むよう求められる。その能力に長けた者は称えられ、そうでない者は叱責を受けるのだ。

新聞社が「エゴ・スクープ」をめぐる競争から完全に降りてしまうなら、一番スッキリするだろう。だがこれは、日本の報道システムの根幹にかかわる大変革である。

ただ、これが実現不可能な夢物語か、と言えば、あながちそうでもない気もする。対象への肉薄は両刃の剣であり、必ずしも良質の報道を約束するものではないからだ。

中国の文化大革命の時代、海外メディアの多くが中国から追放される中、親中的な報道を続けた朝日だけが残留を許されたが、結果的にクーデターに失敗した林彪の失脚を見過ごすなど、中国政府への忖度を続けた選択は裏目に出て、右派論壇から大批判を受けることとなった。

当時の社長は「歴史の証人として踏み留まることに意味がある」という主旨の発言をしたそうだが、結果的にその判断は、実際の報道に何らメリットをもたらすことはなかった。

とは言っても、個々の若手記者レベルで、サツ回り制度そのものを否定することは不可能に近い。それはいわば、料理人の卵が皿洗いを拒絶するようなものだ。現実問題として大切なことは、最初に抱くジレンマとの葛藤を、その後も忘れずにいることである。癒着をリスクとする感覚が麻痺し切った先に、御用記者という存在はあるからだ。

私自身が所轄レベルでなく、サツ回りキャップとして県警本部を担当したのは、ふたつ目の任地・秋田でのことだったが、こんな出来事があった。

仕事で車を運転中、スピード違反で免停処分となり、それを聞きつけた捜査幹部のひとりが、現地の署長にひとこと〝詫び〟を入れることで、処分をなしにしてくれる、というのだ。

もちろん即座に断って免停を受け入れたが、後日、その捜査幹部にまつわる不祥事を別の記者が秘密裏に調べていたことを知り、安堵した。同僚の調査は確証をつかめず幻に終わったが、万が一〝甘い話〟に乗っていたら、面倒な話に巻き込まれていたに違いない。

不可解な好意には必ず裏がある。あるいは将来の足枷になる。そう考えるべきなのだ。

朝日ではまだ、その面での指導が厳しく行われていたが、同業者の中には役所などが主催する記者クラブとの懇親会の際、料理への注文や土産物まで公然と要求する〝たかり体質〟のベテラン記者もよく見かけた。

偶然の一致かもしれないが、昨今、「御用メディア」と言われる媒体の一部には、社員のそうした行動に〝寛容〟な、社のカラーもあるような気がする。

特ダネ競争の麻薬性

私の場合、衛星支局への配属ではあったが、初任地での仕事はやはり、サツ回りからスタートした。埼玉県北部にある八つの警察署を一年間、受け持った。

着任した翌日、先輩記者の運転する車でふたつの警察署を回り、次長（副所長）に挨拶した。三カ所目以降はひとりで訪問し、以後、そうやって毎日各署を回るよう命じられた。

各署の広報担当は次長だが、刑事課長や防犯課長、あるいはその下の捜査員にも人間関係を広げてゆく。署長室にもなるべく出入りする。しかし、初対面の挨拶こそ、みなひと通り対応してくれたが、二度目、三度目となると、途端に間がもたなくなる。

つまらぬ世間話に毎回時間を割いてくれるほど、相手は暇ではない。こちらも事前にスクラップに目を通し、各署の未解決事件を話題にはするのだが、ほとんどの場合、「とくに発表することはない」というひとことでやり取りは断ち切られる。

何ら取材のノウハウを持たぬ当方は、それでも一分でも長くやり取りを続けようと躍起になったものだった。夜は夜で署長や捜査幹部宅、あるいは宿直の署員らを訪ね、とにかく言葉を交わす努力をした。

飛び込みのセールスさながらの仕事であり、当初は耐えがたい苦行にも思えたが、私自身は幸運にも、二、三カ月もするうちに、自分には適性があるのでは、と思えるようになっていった。ぽつりぽつりと好意的な対応をしてくれる人が、増えていったのだ。

各社のサツ回り記者がひしめく県庁所在地の署や県警本部と異なり、県内の外れの署に日参する記者は私以外にいなかった。同じエリアを担当するライバル紙の支局や通信局（記者ひとりの駐在事務所）には中高年の記者が多く、何らかの事件事故があったときにしか署には現れない。そんな圧倒的な優位性もあって、ほどなくどこの署でも、私は誰何されることもなく出入りできるようになった。

情報を取るコツも徐々に体得した。署内の空気の変化には、常に神経を尖らせる。電話のやり取りに耳をそばだてて、漏れ聞こえた固有名詞は記憶するようにする。各部署の黒板に書かれた人名にも注意する。捜査員との会話の折、一般論にぼかす形で事件の話をほのめかされることがある。「もしかして、○○のことですか？」と聞きかじりの人名でカマをかけると顔色が変わり、時に特ダネの端緒につながった。事件発生を伝える警察無線をたまたま署内で聞き、他社に先駆けて現場入りすることも、何度となくあった。

とある署では、署長宅でしょっちゅうビールをふるまわれ、そうした関係が部下たちにも伝わって、刑事部屋まで自由に入り込めるようになった。壁ひとつ隔てた取調室で容疑者の尋問が行われ、その供述内容を逐一聞くこともできたし、ある極端なケースでは、窃盗事件容疑者の逮捕日を決める際、ニュースの薄い日を指定した私の意見が入れられたこともあった。

別の署では、地元名士による詐欺事件の内偵捜査が行われていて、いつもは不愛想に「何もない、帰って寝ろ」と私の夜回りを追い返す捜査幹部が、その前夜に限って「何も言えないよ」と押し黙った。微妙に言い方を変えることで、この捜査幹部はシグナルを送ってくれたのであった。

在任中、これと言って重大な事件はなく、ちっぽけな成果ばかりではあったが、他紙が把握しない事件を抜く喜びは充分に堪能した。

そしてこの快感には、麻薬のような中毒性があることも学んだ。

そもそも同じ支局にいた直属の先輩は、当時、県内にいる朝日全記者の中で屈指の特ダネ記者だった。

私が入社早々に命じられたのは、ひとつの署で殺人事件容疑者が逮捕された際の〝記者発表遅延工作〟であった。その当時、所轄レベルでの記者発表は、次長から記者クラブ幹事社を経て電話連絡が回された。たとえば午前中、午後一時の記者会見がセットされたなら、その瞬間から、特定の社が内容を出し抜くことはルール違反となる。だが、連絡を受けたとき、夕刊早版の締め切りを過ぎていれば、「ウチはもう、輪転機が回っている」と通告し、特ダネは確定する。「幹事社連絡」は遅ければ遅いほど、夕刊に特ダネを突っ込む余地が生まれるのだ。

おぼろげな記憶だが、確かリミットは午前十時半だった。私に与えられた任務は十時前から署長室に入り込み、ドアを閉め、次長が記者発表を連絡しようにも、署長から決裁印をもらえず待機する状態をつくり出せ、ということであった。

しかし、当時の私には、署長室に立てこもる図太さはなく、次長はあっさりと入室して、この〝工作〟は失敗に終わった。

各紙の地方版、あるいは夕刊社会面に日々載るような小さな事件記事の〝抜いた抜かれた〟が、新聞の売り上げを左右するわけもなく、すべては記者たちの自己満足だった。それでも各社の若きサツ回りは、取り憑かれたように、このゲームに熱中した。

初任地のこの先輩は、ひとつの殺人事件で連続六本の特ダネを目指せ、と語っていた。朝・夕刊で三日間、続報を立て続けに抜くのである。何らかの目撃情報でも、家族の独占インタビューでもいい。連日複数回開かれる警察の会見では、いつも最後列に座り、何も質問せずやり取りを眺める。会見で語られるような情報は、夜回りですべて得ていなければならない。

こうしてピリピリと苛立つライバル紙記者たちの険しい視線を受けることこそが、何ものにも代えがたい快感になるのだ、と私は聞かされたものだった。

二カ所目の任地・秋田では、地元紙の秋田魁新報が事件報道では圧倒的強さを誇り、全国紙はまるで歯が立たなかった。ただ私が県警キャップを担当した一年間に一度だけ、麻薬密売組織の摘発をグループの組織図を入れて抜くことができた。倍以上の人数がいる魁のサツ回りが顔をこわばらせて動き回るさまに、ほくそ笑んだ記憶がある。

体力と睡眠時間を擦り減らし、記者たちが夢中になる「抜いた抜かれた」のゲーム。負けが込めば、それは地獄のような日々にもなるのだが、報道の社会的な意味合いなど微塵も視野になく、競争に明け暮れるそのさまは、まさに〝麻薬性の快楽〟としか説明しようがないものだったように思う。

選挙取材で広がる人脈

支局時代の記者はサツ回りのほか、市町村役場や県庁などを担当する。こうした役所の取材では、発表資料を報道する合間に独自ネタを拾い、あるいは自治体の懸案事項をめぐる執行部や議会の動きをフォローするのが仕事だ。

私自身が職業意識を形作るうえで、重要な体験だったと感じるのは、特定の記者クラブに属さない遊軍記者としての仕事と国政選挙での報道であった。

選挙報道のことを先に取り上げよう。

私が支局記者として直接担当者を経験した選挙は、一九八六年の衆参同日選、八九年の参議院選、九〇年の衆議院選の計三回、社会部記者としても九三年衆議院選の報道にかかわった。新聞の選挙報道はかなりパターン化されていて、候補者紹介や選挙区事情のルポ、争点を取り上げる連載などをスケジュールに沿ってこなすのだが、最大の焦点は「当打ち」と呼ばれる当落判定の〝勝ち負け〟にあった。

朝日新聞の場合、それは系列のテレビ朝日の速報のためだった。

担当者は自分の受け持つ選挙区の票の出方を見極めて、当時中選挙区制だった衆議院選の場合、三人から五人の当選を判定した。九〇年代にはパソコンソフトも作られたが、それ以前は手作業で方眼紙にグラフを書き、事前のシミュレーションと比較しつつ、判定を行ったものだった。

詳細な判定方法はここでは触れないが、このときにモノを言うのは市町村ごとに事前情報を積み上げた詳細な「票読み」であった。若手時代はとくに票読みにこだわり、それこそ町内会ごとの分析にまで挑んだものだった。

これは埼玉県北部や秋田県という農村型選挙区だからこそ、あり得たことだったが、自民党系の複数の候補者が競い合う中選挙区の場合、世論調査データ以外では、各保守陣営の票読みが最も重要な基礎情報となった。旧社会党の分析能力は当てにならず、共産党や公明党は自陣営の票読みは盤石だが、他候補の票を読む能力はいまひとつだった。

自民党系は日ごろから保守ライバル票の切り崩しを狙っている。A地区のまとめ役だった町内会長が連合後援会長と大喧嘩したため、この地区では前回より二百票前後、B候補からC候補に票が回る……。そんな情報を小まめに集めては、各陣営選対幹部と情報交換を重ねるのだ。あるいは市町村議員に地元の情勢を聞き歩き、票読みの数字をできるだけ正確に絞り込んでゆく。

競馬の予想じみた話に聞こえるかもしれないが、田舎の選挙ではこれがかなりの高確率で当たるのである。

私がここで指摘したいのは、選挙報道そのものについてでなく、こういった作業を通して初めて見えてくる地域社会の姿がある、ということだ。

サツ回りでも行政担当でも、日ごろの取材では、情報を握る役職に就く人たちに接触して話を聞く。しかし選挙取材では、地域地域の票集めのキーマンに大衆食堂の主人や洋品店の経営者がいたりして、いわゆる〝名士〟のイメージとは必ずしも重ならない。記者クラブをベースにする取材活動では、なかなか知り得ないことだった。

こうした選挙関係者は常に他陣営の情報を欲しがっていて、どの陣営にも出入りする新聞記者とよく話をしてくれる。ギブアンドテイクで、情報は雪だるま式に膨らんだ。一方的に情報をもらいにいく通常の夜回りとはこの点も異なる。

何よりも選挙取材の体験で大きかったのは、ゼネコンや地域の土建業者、あるいは談合を取り仕切るような人物とも接点を持てたことだ。談合疑惑の報道では、まず接触が不可能なこうした人々も、選挙取材では話は別だった。

ローカルの秘書たちや県議、市町村議との関係も同様だ。

保守層の一部には、朝日は左翼だから嫌いだ、というような人もたまにいたが、大半の人はそんなことにこだわらず、より深く正確な選挙情報を持つ記者をリスペクトしてくれた。

酒の肴に聞くさまざまな裏話も興味深かった。

当時、地方にいる保守系の選挙関係者にとって、最大のライバルは同じ選挙区の保守対立候補だった。社会党や共産党など革新の動向は、ほとんど眼中になかった。時には革新候補が弱すぎて、ライバル保守候補に票が流れることを心配したりもした。

ある土建会社の社長は地元自民党の重鎮でありながら、カネのない旧知の共産党代議士に背広をプレゼントしたり、演説会を盛り上げる聴衆のサクラとして社員を行かせたりしていた。そんなエピソードを聞かされたこともある。

「共産党も少しはいたほうがいいんだ」

そんな鷹揚な考えを持つ保守系の政治関係者が、この時代には少なからず存在したのだった。

談合関係者の人脈が、実際の談合疑惑を暴く報道で役立つことはなかったが、それでも選挙で築いた彼らとのつながりは、地方政界の裏事情を得るうえで、しばしば興味深い情報をもたらしてくれた。

ただし、この手の世界を垣間見てしまうと、世の中のあらゆる動きを裏事情的な見方で理解しがちになる危険性もある。さまざまな政治的判断を選挙と結びつけ、その選挙も結局は地域ボスの動きや利権によって決まる。世のあらゆる事象を、そんなシニカルな枠組みで解釈してしまうのだ。

リクルート事件、消費税、農産物自由化の「三点セット」で未曾有の逆風が自民党に吹き、土井社会党が大勝した八九年参議院選はあまりに特殊な例だったが、通常の選挙でも民意の動向は裏事情とはまた別に存在した。

フリーになってから、たとえば沖縄問題のレポートなどを読み、こういった〝裏事情的解説記事〟を目にすると、執筆者がこの手の社会観にはまり込んでいることを痛感する。こうした側面も事象の部分的理解にすぎない、と本来は考えるべきなのだ。

ともあれ若手記者時代、選挙取材を通じて得た人脈の広がり・多様さは、記者クラブでの発表報道やエゴ・スクープ競争の世界とはまるで違う視野の広がりをもたらしてくれたことは間違いのないことだった。

〝自由な取材〟への困惑

支局時代、意外にも自分にはサツ回りの適性もある、などと感じた私だが、反対に絶望的な壁にぶち当たったのは、何をやってもいい遊軍に配されたときのことだった。

自分は何のために記者になり、どんな記事を書くべきなのか――。

そんな根本的な問いを突きつけられてしまったのだ。

それまでは警察署や市町村役場をぐるぐると回り、愛想のいい、事情通の人物を頻繁に訪ねては、地方版の記事を書いていた。だが、カバーする持ち場がなくなってみると、いったい日々、何をしたらいいのか、途方に暮れてしまった。

ひたすら小まめに人と会い、話を拾い歩く。その方式でそれなりに記事は書けていたし、たとえば、地方のある外国人向け日本語学校の取材から文部省（当時）による偽装就学生対策の新方針をいち早く聞き出し、独自ネタで一面を飾ったこともあった。

しかし、日常的にカバーする対象を持たなくなることで、自分はそんな「犬も歩けば～」式のやり方しか体得していないことを、思い知らされてしまったのだ。

この問題、実は経験を積み、中堅になっても抱えたままの記者は数多くいる。支局時代、激務に追われた人ほど、その傾向は強かった気がする。好きなことを自由に、というエアポケットのような状態はそうそうなく、遊軍と名がついても、折々のホットニュースを担当して終わることも多い。そうなると、自らのニュース感覚の欠落にはなかなか気づきにくいのだ。

いま思えば、本当に〝初歩の初歩〟たる入り口の悩みだが、実は時代への問題意識や着眼点、あるいは〝切り口〟にまつわる感覚は、個々人の「センス」というひとことで片づけられ、職場の上司や先輩から、そのノウハウを伝授されることはなかった。

三十歳を過ぎ、社会部にいた時代、百何十人もの部員全体からアイデアを公募して、一年間、ワンテーマに専念する環境を与える、そんな実験的な試みがあった。

私自身は異動の内示を受けた直後だったため、応募できる立場にはなかったが、結局のところ応募者はごく少数、確かひとケタしかいなかった、と聞いた覚えがある。

時間をかけ、取り組みたいテーマが「とくにない」という人が中堅記者の間でさえ、大多数だったのだ。

人のことは言えない。私自身、秋田支局にいたころを振り返れば、与えられた課題をこなすだけ、「自由」にはむしろ困惑する記者だった。

結論から言えば、「記事は足で書け」という業界の格言は、取り組むべきテーマが決まっている場合のこと。ゼロからのテーマ探しはまず「頭で」見つけるものなのだ。

世の中には、数多くの社会問題が溢れている。たとえば高齢化、たとえば引きこもり、異常気象、子供の貧困……。秋田ではどうなのか。そんな視点から専門家や当事者の話を聞き歩けば、たいていの場合、話は広がってゆく。

秋田でも問題は深刻だ→実情はどうか。いや、意外と秋田での状況は明るい→それはなぜか。最初に思い描く仮説通りでも、仮説が外れても、調べて見なければ知り得なかった話が集まってくるものなのだ。

同じ支局にいた同期記者のひとりは、農村の結婚難の連載をした。あるいは、ずっとあとの時代に秋田支局員となる朝日記者は、人口比全国トップクラスだった自殺者の多さを掘り下げた。残念ながら私は秋田時代、こうした視野の広がりを持てないまま、再び配置換えになってしまったが、このときのスランプ中、ぼんやりと見えかけたノウハウは、次の任地・北海道着任以後、さまざまなテーマとの接点を生み、自らの方向性を指し示してくれるようになっていった。

私はその後、東京本社学芸部や社会部の記者として、昭和期に海外に出た日本人移民やバブル期に急増した来日外国人労働者など、経済的背景を持つ労働者の国際移動に関心を持ち、計十三年間の新聞記者生活の中盤から後半にかけ、そのさまざまな話を記事にすることが多かった。

きっかけとなったのは、秋田支局のあと、一年だけ赴任した北海道支社報道部時代、ある企画取材で出会った自衛隊員の若者を取材したことだった。その隊員はかつてカリブ海の島国・ドミニカ共和国に移住した日本人移民を親に持つ二世。ずさんな国策で海を渡ったこの国への移民は、悪条件の地で食うや食わずの開拓農民となり、一九九〇年代末、日本政府による謝罪と賠償を要求して、国家賠償訴訟を起こす。

私がこの自衛隊員と出会い、親世代の苦難を知ったのは訴訟が起こる約十年前だったが、私は未知の物語に引き込まれ、このテーマにのめり込むようになっていった。

さて、本章では八〇年代に憧れのジャーナリズムの世界に飛び込んだ私たちの世代が、現実には、その理念とは縁遠い体育会系の記者育成システムに放り込まれた話を中心に、当時の職場環境について語ってきた。近年の報道機関の状況とどれほど重なるのかはわからないが、少なくとも四半世紀前ごろの現実はこのようなものだった。

しかし紆余曲折の末、新聞記者生活の中盤、改めて自分本来の好奇心、未知の世界への探求心という原点を思い起こした私は、それ以降、持ち場ごとにそつなく職務をこなす〝望まれる社員記者像〟から徐々に遠ざかり、好奇心の赴くまま、関心事をとことん掘り下げるスタンスへと立ち位置を変えてゆく。

そのことは結果として、組織での自分の居場所を狭めることになってしまったが、一方で、ひとりの書き手としてテーマと向き合ってゆく姿勢は、この時期に自らの中に固まり、今日に至るまで基本的に変わらずにいる。

現在の私に言わせれば、自由に取り組みたいテーマがとくにない、などというタイプは、この職業には致命的に不向きであり、掘り下げて知りたいことが山ほどあってこその記者だと思っている。

与えられた価値観に従順であろうとした支局での日々が、二十代の私に数多くの貴重な体験をもたらしてくれたことは間違いない。ただ皮肉にも、私が最も新聞記者らしく過ごしたこの時期は、三十年余りの職業人生で、最も自らを見失っていた時代でもあった気がする。

第四章　組織と〝定型〟の弊害

「人権問題」の安直なパターン化

オリジナルの文章を探したが、見つからない。だが、一九九〇年代にある高名なノンフィクション作家が書いていた一文が印象に残っている。

その作家は「人権派ですね」と若い編集者に評されて、困惑し、苦々しい思いを抱くのだ。冷戦後、「反共」の旗印を失って、歴史認識論争を新たなテーマとした右派論壇は、人権をはじめとするリベラルな概念にも嘲るような視線を向け始めていた。そんな〝流行〟に感化されたのか、この編集者の発する「人権派」という言葉にも、どこかシニカルな響きが漂っていたのである。

八〇年代には、そのような空気はまだなかった。

おぼろげな記憶をさかのぼると、若手記者時代、市町村役場に掲げられた「人権尊重」というスローガンに、同和対策の意味があることを先輩から教わった気がする。

ほどなくして、在日差別や女性問題、障害者、子供の人権など、さまざまな「社会的弱者にまつわる諸課題」が人権問題と総称されるようになり、新聞社内でもこの言葉を頻繁に耳にするようになった。

すでに社会主義や共産主義への共感を語る記者は激減し、社会矛盾を鋭く告発する記事は、「人権問題」という視点から書かれることが多くなっていた。

人権は市民革命からの古い概念で、左翼思想の言葉ではない。日本国内で共産国への幻滅が広がったのは、冷徹な全体主義や人権侵害の深刻さが知れ渡ったためだったし、冷戦の終焉も、自由と人権を希求する各国の民主化運動でもたらされたものだった。

にもかかわらず、右派論者は冷戦後、「人権」の概念を敵視して、人々の権利を抑制する社会への願望を露わにするようになった。

北海道支社報道部にいた時代にドミニカ移民のテーマに触れ、九一年春に東京本社学芸部に異動した私は、家庭面を埋める日常の仕事のほか、新大陸に渡った日本人の歴史、あるいはバブル期に急増した来日外国人という、労働力移動の今昔に関心を抱くようになった。

来日外国人については、新たな社会現象として、さまざまなメディアがすでに報じ始めていた。週刊誌には、治安への悪影響をほのめかす見出しも踊ったが、新聞やテレビでは、劣悪な条件下で働く労働者の「人権問題」という捉え方が一般的だった。

「３Ｋ」（きつい、危険、汚い）と呼ばれる肉体労働の現場では、圧倒的に労働力が不足して、外国人労働者は瞬く間に日本経済の底辺を支えるようになった。しかし、政府の入国管理政策は閉鎖的な方針が貫かれ、来日外国人は法的保護も受けられないアンダーグラウンドの状況に置かれていた。

バブルの恩恵で、国民にまだ経済的ゆとりのあった当時は、現在のような露骨な排外主義はなく、人々はやや〝上から目線〟の憐憫をもって、狭い部屋に折り重なるように暮らす彼らを眺めていた。「黄金の国ジパング」に世界中から夢を求め、労働者が集まる光景を、どこか誇らしく感じる雰囲気さえ漂っていた。

そんな時代、このテーマは、彼らを鏡として日本人や日本社会の閉鎖性、「内なる国際化」を問う題材として扱われることが多かった。

しかし、昭和期の海外移住への関心から労働力移動に着眼するようになった私は、このテーマを「人権問題」と捉える意識がなく、社内外の論者による〝問題意識先行型のスタンス〟に少しずつ、違和感を覚えるようになった。

人権そのものを否定的に捉え、冷笑する右派論者に同調したわけではない。左派・リベラルの認識に、あまりにも安直なパターン化を感じたのだ。

彼らの置かれた環境は確かに劣悪ではあった。中には、人権侵害と呼ばざるを得ないケースも含まれていた。だが、あくまでもそれはケースバイケース、個別に状況を掘り下げて初めてわかることであり、十把一絡げに〝同情すべき弱者〟と決めつける見方には、抵抗が拭えなかったのである。

わかりやすい例がある。

バブル期に目立ったタイ人の売春婦たちのことだ。

当時よく見られたのは、駆け込み寺的なNPO団体に逃げ込んだ女性たちのケースをメディアが取り上げるパターンであった。

来日前、ウェイトレスや工場の仕事があると誘われて、ブローカーに百万円以上の手数料を前借りし、来日を果たしたが、日本で待っていたのは売春の仕事。借金に縛られやむなく働いたが、あまりにも仕事がつらく、こうして逃げ出した――。

女性たちの口からは、金太郎飴のように同じストーリーが語られた。もちろん、その通りの目に遭った人もいただろう。しかし、明らかにそうではない人もいた。

学芸部から社会部に異動した私は、同僚とふたり、そんなあるケースを取材したことがある。支援団体に紹介された〝被害女性〟の話を念のため、裏取りしてみると、説明よりはるかに小刻みに各地の風俗店を渡り歩き、タコ部屋のような一室に軟禁されていたはずが、実際には日本人男性と同棲していたことがわかるなど、事実関係は随所で説明と違っていた。

何よりも彼女にはすでに数回の来日歴があり、そのたびに強制送還されていた。二度も三度も「騙されて売春を強いられた」という話を、信じるのは無理だった。

〝駆け込み寺〟を頼るのは、雇い主とのトラブルがあったり、労働条件が耐えがたいほど劣悪だったりしたためであろう。しかし彼女らは、より悲劇的な物語を説明したほうが、支援団体や記者の同情を買いやすいことを知っていた。

母国でのそもそもの貧困、性の商品化を促す日・タイ双方の社会構造など、大局的に見れば、彼女たちは社会矛盾の犠牲者だと言えるが、騙された・強いられたというような犯罪的な話に安易にはめ込むと、ウソになる場合もある。

本来は前者の構造を入念に掘り下げ、描き出し、その中で確認できた後者の確かな実例が報じられるべきなのだが、現実にはそこまで手間暇をかけず、安直に仕上げた眉唾の記事が数多く見られたのが、当時の実情であった。

移民労働へのフラットな関心

私はなぜ、ステレオタイプの記事を忌避したのか。何よりもそれは、私自身の性格が〝問題意識先行型〟ではなかったためである。第一章で述べたように、まずは実態を知りたいという〝好奇心型・探求心型〟だったことが大きい。

ドミニカ移民の問題は一九五〇年代、過剰人口を緩和する国策として日本から送り出された人々の悲劇である。本来なら学芸部員の私がカバーする話ではなかったが、現地調査に行く学者や弁護士、フリージャーナリストらの一行に同行する海外取材を許された。

そして、日本人移民全般への知見を持つ調査団メンバーとの交流を帰国後も重ね、さまざまな国への移民史を学ぶようになったのであった。

明治期に始まった南北アメリカへの日本人移住は、大雑把に言って戦前は民間移民会社による営利事業、戦後は外務省の外郭団体による国策事業として行われた。しかし、甘い宣伝文句による勧誘は往々にして現地の実態とかけ離れ、とくにジャングルや荒れ地を開拓する農業移民は劣悪な環境に苦しみ、「棄民」という呼ばれ方もした。石川達三の小説『蒼氓』に描かれた世界である。

しかし、それから二世代、三世代を経て移民たちは現地に根を下ろし、各国で高く評価される日系社会を築き上げた。私は日本の国策に翻弄された人々の葛藤から始まる何十年ものドラマに魅入られた。

そして八〇年代後半、故国日本の空前の景気に呼び寄せられるように、二世や三世のUターン出稼ぎが始まった。九〇年には入管法が改正され、日本のパスポートのない日系人にも就労の門戸が開かれた。

労働力移動をめぐる私の視点は、そういった出国する日本人の歴史をたどったあと、現在進行形の動きとして中国人やイラン人、バングラデシュ人など外国人が来日する現象へと広がった。

日本人移民の子孫がブラジルの日系社会を築き上げたように、これらニューカマーはまさにいま、日本に新たなコミュニティーの礎を築いている。そこには日本人がかつて異郷の地で体験したような異文化との摩擦や差別、あるいは世代間の葛藤、価値観の継承などさまざまなドラマが待っているに違いない。

私の感覚は、そんな壮大なドラマの始まりを取材する意識であり、取り立てて彼らの存在を社会問題とは見なかった。人権問題もあるだろうが、あくまでも来日移民史の一部分だと考えていた。海外における同胞の集団に注ぐ眼差しと、その点では同じだった。

結果的にそれは、彼らを保護の対象とか、排除すべき存在とか、善悪のレッテルを貼ることなく、フラットな視点で見る姿勢につながり、良かったと思っている。

人権問題という枠組みに、違和感を覚えた理由は、それ以外にもあった。

学生時代に読んだ書物、とくに本多勝一の著作には「弱者の側に立つ」というジャーナリズムの原則が強調されていた。『殺される側の論理』というベストセラーのタイトルにもそれは滲んでいた。

明確にいつ、私がその原則に疑問を持ち始めたのか定かではないが、記者生活を送る中で、取材者はより誠実な自己認識を持つべきだ、と思うようになった。

後年、フリーになってから私は横浜・寿町のドヤ街に何カ月も通い、ホームレスや生活保護受給者の世界を『ホームレス歌人のいた冬』というノンフィクション作品に描いたことがある。

当時の私は自分自身、まともな稼ぎもなく、大病でもしようものならすぐドヤ街の住民となる立場にいた。そんな境遇はしかし、この土地に溶け込むうえで間違いなくプラスに作用した。私がもし、朝日記者のままだったら、人々との同じようなつながりは到底築けなかったはずだ。

ドヤ街から見れば、高給取りの組織ジャーナリストは、まばゆいばかりに恵まれた立場にいる。たとえ低姿勢でドヤ街に通っても、その存在は明らかに〝外部からやってきた観察者〟にすぎないのだ。

南米時代にも似たことを感じた。ペルーやブラジルには、日系社会を取材するジャーナリストがしばしば訪れる。ペルーでは私の住む以前、日本大使公邸占拠事件があり、取材陣が溢れかえった時期もあった。

私の知る老二世はそのとき、日本人記者に頼まれて何人か日系社会の重鎮との座談をセットしたという。しかし記者はその労に報いる謝礼を出すどころか、高級ホテルでの会合のコーヒー代すら払わなかったらしい。老二世はそれを十年近く経っても覚えていて、苦々しく私に語ったのだった。

執念深いと思うかもしれない。だが、現地の日系人と日本人記者の所得には、下手をすれば十倍以上の開きがある。一流ホテルのラウンジでコーヒー代数人分を払う出費でも、彼らには痛いのだ。そのときの記者には、相手への洞察力がすっぽりと抜け落ちていた。

つまり、弱者の側に立つ、弱者に寄り添う、というのはあくまでも記者の願望にすぎず、取材される人が「自分たちの側に立つ記者」と思っているかどうかは別のことなのだ。

世の中を「弱者」と「強者」に二分するならば、記者は明らかに「強者の側」にいる。それをまず自覚したうえで、できる限り弱者の側に近づく努力をする。自分はそんな人間だと認識することが、誠実な態度だろう。

紛争地で生命の危機に直面する難民を取材したところで、記者はやがて母国に引き揚げる。スラム街に分け入っても、ずっとそこで暮らすわけではない。その後ろめたさを忘れたら終わりだ。思い上がりの心情は文章にも現れてしまう。

私はそんな思いを、本社勤務の中堅記者としてハイヤーやタクシーを乗り回し取材に歩くたびに痛感して、「弱者の側」という言葉に苦い感覚を抱くようになったのであった。

〝セット主義〟と〝定型〟への違和感

違和感は、ほかにもまだあった。

リベラルな価値観、人権を重視するスタンスとされるものが、あまりに安直な〝セット主義〟

に陥っているように感じられたのだ。

「問題意識」という言葉を昔よく聞いたが、実際には自力による個別テーマの判断を放棄して、種々雑多な社会問題への立ち位置をワンセット丸呑みするような人が多すぎるように思えたのだ。

これは当時の市民運動に多く見られた傾向であり、記者たちにもそれを無批判に受け入れる人が少なからずいた。

ただ、同じことがいま、〝愛国者〟の思考スタイルにそっくり当てはまる。慰安婦、南京、靖国、夫婦別姓、〝在日特権〟、沖縄、家族制度、憲法九条、原発など、あらゆる社会問題に「愛国」「反日」の答えがあり、ワンセット丸ごと〝愛国者〟であろうとする。改憲に賛成なら原発再稼働にも賛成、というように、本来別個のテーマのはずなのに、何か特定の宗教に帰依したかのように、〝正解〟を信じるのである。

私にはそういった人々のふるまいが、思考停止以外の何物にも見えなかったのだ。

いまでも覚えている典型的な場面がある。

リベラルな市民運動グループによる自主映画の上映会を私は取材した。新型戦闘機導入の賛否を問うスイス国民投票の記録映画だった。登場するスイス国民は、街頭で積極的にインタビューに応じていた。軍備増強への賛否だけではない。戦闘機の性能と価格を天秤にかけ、「高価すぎるから反対だ」と明言する軍人もいた。一人ひとりが自らの言葉で考えを語り、国民の成熟がよくわかる映画だった。

ところが、この手のイベントにありがちな光景が映画の好印象を台なしにしてしまっていた。部屋の後ろの机に、十種類以上の市民運動のチラシが並んでいたのである。

環境問題、天皇制、原発問題、差別問題、食品の安全、子供の権利……。私にはその光景が、一種の〝踏み絵〟のように映ったのだ。イベントに集う人々の仲間意識を確認するための。

保守系の市民で、国民投票制度にだけ関心があり、映画会をのぞいてみた。もし、そんな参加者がいたら、さぞ居心地が悪かっただろう。主義主張にとらわれず、自由に意思を表明するスイス国民の素晴らしさ。そんな作品のメッセージと正反対のイベント会場の風景が、私にはブラックユーモアのように感じられた。

では私は当時、そういった違和感に一つひとつ、抗うような記事を書いていたか。そう問われれば、答えは否である。

移民労働者の話など、自分なりに力を入れる記事なら話は別である。しかし、日常の紙面を埋めるルーティンの取材では、パターン化した記事づくりを不本意ながら受け入れてしまっていた。理由はただひとつ、そんなところでエネルギーを消耗したくなかったのだ。

言い訳をしておく。この現実はあらゆるメディアに共通する。媒体のカラーに心ならずも適応し、ほとんどの記者は〝それらしい記事〟を書いている。そこへの抵抗が感じられる記事の多さでは、朝日にはまだ、振れ幅がある。

〝一糸乱れぬ論調〟の新聞や雑誌も珍しくない。大勢の記者が働く媒体で、みながみな、同じ考えのはずはなく、本来はバラツキがあって当然だが、そのバラツキは表に出ないのだ。言論の自由、などと言っても、社内的言論の自由はこれほど圧殺されている。皮肉なものである。

媒体のカラーと違った書き方はできないものなのか。固定読者が慣れ親しみ、望むトーンでない場合は、上司を説得するためのデータと論理、そしてエネルギーが必要で、読者からの反発も予想されるのだが、朝日では、それが認められる可能性もあった。その点は、読売や産経とは違っていた。

しかし、日常の原稿でことごとく、そんな闘いをする気力は、私にはなかった。

たとえば、社会部の泊まり明けで夕刊用の原稿処理を命じられ、他紙に抜かれた中学校の体罰騒ぎを後追いで書く場合だ。朝日のスタンスは、基本的に体罰を否定する（教育基本法もそうである）。だが、学校などに話を聞くと、体罰を受けた生徒はとんでもない乱暴者で、当日の状況にも、教師に同情すべき余地があったとする。

もちろん体罰は許されない。その前提は押さえたうえで、教師への情状酌量的な記述を厚くするかどうか。いまの私なら、そうするだろう。

だが、よりはっきりと教師を擁護するならば、学校側の話だけでなく、さらに詳しい取材が必要となる。夕刊の締め切りまでにそこまでの時間はない。結局のところ、非難されるべき体罰事件、という原稿の基本に微妙なニュアンスを書き加えるだけで終わる。

そんな格好で〝当たり障りのない記事〟を書くことが、現実には多々あった。

こうした問題では、苦い記憶がある。朝日記者時代に最も悔いが残る仕事だったかもしれない。

興行ビザで来日し、ホステスとして働くフィリピン人女性をめぐる話だ。

当時のプロモーター（ブローカー）は現地でオーディションをして求職者を集め、最長六カ月のビザで日本に招聘した。ビザ手続きはプロモーターが取りまとめて代行した。

しかし、女性たちは来日後、毎回のように何人かが失踪した。正規の業者から〝横取り〟する形で、女性たちをオーバーステイさせ働かせる店が数多く存在したためだ。こうした違法店舗は女性たちの招聘にコストをかけない分、高めの時給を提示した。

ところが、帰国時に欠員が出た場合、入管はプロモーターの責任として、一定期間、新規の申請を認めない処分をした。女性の管理はプロモーターの死活問題になった。

こうした背景から、ある地方で飲食業界向けの特殊な雑誌が発行されるようになった。失踪したフィリピン人女性の顔写真や氏名、特徴をリストアップして、情報提供を求めるものだった。

私は関係者を取材して、この雑誌の話題を夕刊向けの記事としてまとめた。失踪する女性にも、それを追うプロモーターの業者にも、それぞれの事情がある。私がポイントに置いたのは、入管行政のあり方であった。そもそもホステスを興行ビザで入国させる制度自体、インチキなものだったし、彼女らの不法残留を防止する責任を業者に押しつけるのは、入国管理業務の〝下請け〟を強いることだった。

ところが締め切りの直前、デスクの指示で記事は大幅に書き換えを迫られた。求められたトーンは、この雑誌を人権侵害の悪質なものと決めつけ、発行者を一刀両断に批判するものだった。

行政も女性たちもみな承知のうえで成り立っていた世界であり、こんな雑誌が出た〝騒動〟の根源はやはり、入管行政にあった。

本来なら書き換えを拒み、ダメならボツにしてくれるよう主張すべきだったが、若き日の私にその勇気はなかった。結局、何人もの関係者に取材をしておきながら、当事者を背中から斬るような記事が掲載されてしまった。

もちろん、デスクを納得させられるだけの筆力を持ち合わせなかったのは、私の責任である。それでも、来日ホステスを被害者、プロモーターを加害者とする〝わかりやすい構図〟は現実とかけ離れていた。

自分で掘り起こし、手間もかけた原稿だっただけに、後悔が尾を引いた。

表現技術という壁

より実相に迫ったリアルでバランスのある記述。それを阻む要素はいくつもあるのだが、最大の障壁は、限られた行数で、それを言い尽くす文章表現の難しさである。

Aが悪い。Bは素晴らしい。そんな単純明快な話なら書きやすい。ただ、Aを批判したり、Bを称えたりする中にも、否定的なニュアンスも多少織り込みたい。そこには文章の技術が必要となる。

真っ黒でも真っ白でもなく、黒に近いグレー、白に近いグレーをきちんと表現する。雑誌記事くらいのスペースがあればまた別だが、短い新聞の記事ではこれが実に難しい。

そもそもAが悪かったり、Bが素晴らしかったりするから記事にするのであり、「でも必ずしもそうではない」という要素を書くのなら、そもそも記事に取り上げる意味があるのか、という話にもなってしまうのだ。

両極の白黒が明快なほど、ニュースバリューがあるとすれば、中間色になればなるほどに、その価値は低いことになる。「このケースは黒に近いグレーだが、このような矛盾が明らかになるケースは珍しい」というような、白黒の明快さとは異なる基準でのニュースの意味合いを提示する技量が必要とされるのだ。

これがないと、記事の意味が伝わらない。

「これでは、見出しがつけられない」

そんな叱責とともに、デスクがバサバサと原稿を切り刻み、論旨がスッキリと整えられてゆく。一方で、記者自身が取材現場で見聞きした印象は、少しずつ、微妙にニュアンスがずれていってしまう。同業者なら誰もが若き日に経験したことだろう。

ただ、このような「適正な事実関係の認識と表現」というテーマで問われるのは、文章の技術力だけではない。そもそも記者という人種には、インパクトのある記事を書きたい、という根源的欲求がある。記者個人の思想信条や正邪へのこだわりも、往々にしてデータの取捨選択に影響する。

そう。センセーショナリズムへの誘惑と特定の価値観・イデオロギーへの執着心。この二点こそ、キャリアにかかわらず、記者の目を曇らせる阻害要因となるのだ。

とくにこの前者、センセーショナリズムである。功名心と言い換えてもいい。

私の知る限り、朝日新聞社でも文藝春秋社でも、イデオロギーで凝り固まった人間は、実はさほど多くはない。大多数の社員は、常識的なバランス感覚を備えており、極端な偏向記事は内心では嫌っている。

にもかかわらず、両社に対極的なカラーが見られるのは、なぜなのか。その答えは両社が長年築き上げてきた読者層にある。万が一、従来の路線とまるで違うトーンで記事を書けば、読者の反発は目に見えているし、上司の説得にも相当なエネルギーを消耗する。「社内的ことなかれ主義」に染まった多数派の社員に、そういった挑戦は気が重いものなのだ。

しかしその逆パターン、固定読者の喜びそうな方向には、多少誇張したニュアンスの記事は受けが良く、評価されやすいのだ。センセーショナリズムは、記者が組織内で評価を得るうえでもプラスに作用する。

ただこの面でも、朝日はブレーキがかかりやすい。長年にわたってバッシングを受け続けてきた学習によるものだ。朝日ほど名指しでバッシングを受けてきたメディアはほかにはない。一方で少なからぬメディア、とくに右派媒体は、徹底した自己検証を行う習慣がほとんどなく、近年の〝右派論壇の暴走〟は、まさにこのような環境下でつくり出されてきた現象とも言える。

ただし、技術論に戻れば、短い行数でリアルに実相を描き、かつ論旨をクリアにするためには、相当に高い筆力が要る。私自身、新聞記者時代にはその壁を乗り越えられなかった。バランスは重視したが、論旨がわかりづらく不明瞭な記事が多かったと思う。

その後、雑誌記事や書籍など、充分な分量を書く立場になり、当時の煩悶は過去のこととなったが、雑誌や書籍でも、実相に迫る意識の薄い書き手は山ほどいる。読者としてはクリアでインパクトの強い文章の書き手は、疑ってみたほうがいい。世の中に単純明快な話は、そうそう転がってはいないのである。

また、現役の新聞記者たちは、文章技術の高みを目指し続けてほしい。短歌や俳句でさえ無限の表現力を秘めている以上、新聞という短文の世界にも、必ずや実相をリアルに描き出す技法はさまざまにあるはずだと思うからだ。

報道の萎縮と〝不戦敗〟

ここまでは約四半世紀前、新聞記者時代に日々直面した模索や葛藤を綴ったが、二〇一四年の朝日騒動以後、この国の報道機関をめぐる状況は、当時とは異次元の様相を見せている。ネトウヨ化した一部世論と一体化した権力の攻勢である。

報道のあり方をめぐるイデオロギー的な論争は昔からあったが、あくまでも限られた人が限られたテーマで意見を闘わせるものだった。私自身、たとえば日の丸・君が代問題のような論争に深い関心を抱くことはなかった。

しかし今日では、政権そのものが日本会議のような復古的右派集団と深くかかわり合い、政権への批判的報道という、ジャーナリズムの根幹にかかわる部分への露骨な牽制をするようになった。現役新聞記者時代、手垢にまみれた表現として聞き流していた「いつか来た道」という言葉が、まさかここまで切迫感をもって響く日が来ようとは、思いもしなかった。

私の二カ所目の任地、秋田県南部の横手市には、二〇一六年に一〇一歳で他界した記者職の大先輩、敗戦時に一記者としての戦争責任を感じ朝日新聞を退社したむのたけじが暮らしていた。もちろん私もその高名は聞き知っていたのだが、三年間の秋田在任中、この先達を訪ねたことはなかった。

当時のむのはまだ七十代、戦中のメディアを学ぼうとする思いが少しでもあれば、さまざまに貴重な話が聞けたはずなのに、当時の私にその感度はなく、またとない機会を逃してしまったのだった。

一四年の朝日バッシングのあと、政府与党が政権への批判的報道に居丈高に敵意を示すようになったことは、すでに簡単に触れた。

「番組の人たちはそれくらいで萎縮してしまう人たちなのか。極めて情けない」

TBS報道番組に生出演中、街頭インタビューの構成にクレームをつけた対応を国会で批判され、一五年三月、安倍首相はこんな答弁で質問者に切り返した。

確かに前年から始まった政府与党のメディア批判は、直接的な報道への介入と呼べるものではない。だが、メディアの側は驚くほどの敏感さで、政権批判を抑制するようになっていった。

一四年総選挙報道への「中立性」の要請、一五年にはテレ朝「報道ステーション」のコメンテーター降板時の「官邸の圧力」をめぐる論争、自民党へのテレ朝・NHK幹部呼び出し・事情聴取といった動きがあり、一五年春には大越健介（NHK）、一六年春には古舘伊知郎（テレ朝）、岸井成格（TBS）、国谷裕子（NHK）といった〝物申すキャスター〟が軒並み番組を降板した。

岸井に関しては、安倍首相と近しい文化人のグループ「放送法遵守を求める視聴者の会」が前年秋、その〝偏向報道〟を新聞広告や記者会見で激しく糾弾した。また高市早苗・総務相は、政治的公平性を欠く放送法違反に対しては「電波停止処分もあり得る」という見解を国会答弁で示した。

こうした環境下で、報道のトーンを弱めたのはテレビだけではない。安保法制をめぐる抗議の広がりや、ヘイトスピーチ規制に対する朝日新聞の報道も、その当初は明らかに及び腰だった。一連の流れで明らかになったのは、政権が陰に陽に見せる間接的圧力に対し、この国のメディアがいとも簡単に「萎縮してしまう」脆弱さであった。

そこには朝日バッシングで繰り広げられた光景の残像もあっただろう。批判的メディアへの政権の敵意は、ネットを舞台にした政権支持層による執拗な攻撃によって何倍にも増幅し、メディアを追い詰めた。

国際NGO「国境なき記者団」によれば、世界百八十カ国・地域を比較した「報道の自由度ランキング」で、民主党政権下の二〇一〇年に十一位だった日本の順位は、第二次安倍政権の発足後に急低下、一七年は前年と同じ七十二位で、G7では最下位となった。

政権サイドはもちろん、報道への圧力や介入を一切否定している。

だが産経新聞によれば、一六年十一月、安倍首相は米大統領選に勝利したトランプをニューヨークの私邸に訪ね、自分とトランプには共通点がある、と切り出して、こう述べたという。

「あなたはニューヨーク・タイムズに徹底的に叩かれた。私もNYTと提携している朝日新聞に徹底的に叩かれた。だが、私は勝った」

こうして首相自らが、一連の対メディア攻勢への関与を事実上認めたのだった。

ただ私は、政権への憤りにも増して、大手メディアの不甲斐なさに失望を感じた。一五年春以降、私は沖縄での取材を続け、琉球新報と沖縄タイムスという現地二紙がローカル紙でありながら、政府からの圧力に抗している姿を目の当たりにした。中央のメディアと孤立無縁の沖縄二紙の対比が、あまりにも情けなく感じられたのだ。

逆に言えば、全国紙やテレビも、メディア側の覚悟次第では、ここまで押し込まれる形にはならなかったように思えてならないのだ。

一六年九月、ウェブサイトの記事で元朝日記者・井上久男の記事を見て、私は愕然とした。タイトルは「拝啓　朝日新聞さま。ジャーナリズムを捨てるのですか?」。

記事によれば、最近の朝日では「過剰な問題意識を持たない記者の育成」が目指されるようになり、日々の紙面でも「この原稿、リスクない？」というデスクや部長の質問が増え、摩擦を起こしかねない表現はどんどんカットされるという。

広告や営業などの社員とは別枠になっていた記者職の採用をやめ、両者を一体化させる計画もあるらしい。井上は《会社の方針に忠実に従うサラリーマンを養成するのだろう》と解説している。

目を疑うような話だが、その後、偶然行き合った顔見知りの朝日記者に確かめると、少なくともリスク云々の話は事実であり、それ以外のことも「ありそうなことだ」と話していた。

個々人の気概こそが〝防波堤〟

一九八五年四月、朝日新聞の入社式において、一柳東一郎社長（当時）は私たち新入社員を前にこう挨拶した。

「（朝日新聞は）権力の抑圧によって筆を曲げるよりは、筆を折る、つまり死を選ぶくらいの気概を秘めた企業だということを、諸君もハラの中に入れておいてほしい」

当時、朝日の発行する週刊誌『朝日ジャーナル』は、反共団体としても知られる統一教会の霊感商法に対する告発キャンペーンを続けていて、入社式直前には、信者による抗議電話が一週間に四万六千件も殺到、東京本社の電話回線がパンクするような事態に陥った。一柳社長の挨拶は、そんな状況を受けてのものだった。

また神戸市の阪神支局で赤報隊を名乗る男に小尻知博記者が散弾銃で射殺されたのは、私が入社三年目を迎えた春、八七年の憲法記念日のことだ。犯行時の支局内には私と同期入社の記者も居合わせた。

圧力に屈しない「記者の気概」というテーマを考えると、そんな遠い日の記憶が思い起こされる。

一人ひとりの記者にはまだ、あのころの思いは生きている。少なくとも、昨今の状況に甘んじている記者ばかりではない。私はそう信じる。しかし問題は記者を束ねる幹部であり、組織だ。組織全体への責任、という美名は往々にして、保身や妥協を正当化してしまう。上層部の人材ほど保身タイプが増えるのも、日本型組織のジレンマだ。

この問題は、朝日という一企業や報道の世界に留まることではなく、現在の日本全体を覆い尽くす病理だと思う。官僚機構、司法機関、良識ある保守本流・穏健派の自民党国会議員……。それぞれの誇りがいま、保身や忖度の空気の中でねじ伏せられ、もの言えぬ時代をつくり出してしまっている。

一五年秋、私は新橋の居酒屋で、旧知の先輩記者と酒を酌み交わした。上丸洋一。学芸部出身の編集委員として『「諸君!」「正論」の研究』『新聞と戦争』『新聞と「昭和」』など、ジャーナリズム史をめぐる重厚な力作を数多く手がけてきた人だ。その年の二月に定年を迎えたが、嘱託の編集委員として『新聞と9条』という長期連載を夕刊で続けていた。

私は、まるで戦前を想起させるような昨今のメディア状況について、こんなふうに尋ねてみた。

「こんな風景を見ていると、実は戦前の報道規制の問題も、戦後の人間がイメージするような苛烈な統制や介入があったというよりは、報道機関の側で先回りをして、自分たちで政権や軍部におもねっていったのではないか。そんなふうに思えてしまいます」

上丸は身を乗り出し、「その通りだったんだよ」と肯定した。

「組織ジャーナリズムの弱点は、結局はそこなんだ。個人として闘う人はいても、組織としてはそうならない」

時流に抗った先人として、桐生悠々(明治~大正の新聞人、信濃毎日新聞主筆として書いた軍部批判の社説が在郷軍人会の怒りを呼び、職を追われた)の名がふと浮かんだ。彼もまた一個人として闘った言論人だった。

そして、戦前戦中を知る高齢のOBからこんなセリフを聞かされた、と上丸は明かした。

「その人が言うにはね、朝日新聞というのはいつの時代にも、『優等生』であろうとした。それはずっとそうだったし、いまも変わらない、と言うんだね」

平成のこんな世相で称えられる優等生。果たしてそれは、闘う気概を持つ組織なのだろうか。

振り返れば私自身、「闘う記者」だった、と胸を張れる経歴はない。自分なりの関心事に熱中し、より説得力のある記事を、と試行錯誤してきた歩みには、優等生的な自己満足感を得ようとした面もあったかもしれない。

さまざまに複雑な思いが湧く。

いざとなれば闘う覚悟は持っていたが、その場面がなかった。問われれば、そう答えるしかないが、言い訳にしか聞こえないこともわかっている。

たとえばドミニカの移民問題など、政府による国策移民の歴史や入管政策を批判するような記事は書いてきた。だが、激しい批判が見込まれる論争的テーマには、正面から取り組んではこなかった。

部分的な取材経験のある霊感商法などの問題を、徹底して掘り下げることもできたのだが、それはしなかった。

断片的に論争的テーマに触れるたびに、〝自分にとっての戦闘正面はここではない〟と私は思っていた。何らかの組織や政府、あるいは個人を糾弾するキャンペーンは、いったん手がけたら、簡単には離脱できなくなる。ほかのテーマに手を広げる余裕は失う。

ならば自ら志願して取り組みたいテーマで闘いたい。さほど意義を感じない話では、できれば面倒には巻き込まれたくない。そんな思いを抱いていた。

しかし、突き放してそんな自分を見つめれば、小さな闘いを回避し続ける人間は、やがて来る〝本当の闘い〟を待ち続け、永久に闘わずに終わるに違いない。そんな結末も容易に予想できることだった。

結果的に十三年間の新聞記者生活では、ついぞ全力を挙げて何かと闘う体験はしないままに終わった。フリーとしての歳月も、長らくそうだった。最近は沖縄問題を手がけ、このテーマでは否応なく批判にもさらされるが、このような選択は、考えてみれば職業人生で初めてかもしれない。

逃げてきたつもりはない。そんな弁明が事実なのかどうか、いよいよ自分の〝本性〟が試される時期を迎えていると思う。

「バランスとリアリティー」を追求するスタンスはどうか。一歩間違えば「両論併記」という〝腰の引けた文章〟にもなりかねない話だ。

たとえば、政府との対決姿勢を鮮明に打ち出す沖縄二紙の報道には、少なくとも記事のトーンや配分では、バランスを度外視したような迫力がある。

それでも私は、自らが目指す記述の質の問題と、主張の強さとは矛盾せず、両立が可能だと考えている。沖縄二紙の姿勢も、質的な意味では産経などよりもよほどバランスはある。

沖縄問題でのネトウヨ的攻撃は、驚くほどデマや事実誤認に満ち溢れている。ネット上での議論は、デマや事実誤認が大半だと言ってもいい。

これに対抗する言論で、バランスの配慮などしていたらとてもではないが太刀打ちできないようにも思えるが、そうではない。私の言うバランスとは、自らの主張にそぐわないことでも、重要なファクトは無視しない、ということだ。それを含め、きちんと裏付けたファクトを積み上げて、正当な主張を徹底するのなら、強烈なうえに堅牢な主張になるはずだ。

「思い込み」や「決めつけ」に溢れた攻撃を受けても、ファクトで築かれた力強い言論で闘えば、敗れることはない。私はそう信じる。要は徹底した取材を武器にしているかどうか、という話である。

そう考えると、記者に「過剰な問題意識を持たせない」などという朝日の記者育成方針が本当なら、極めて馬鹿げた話である。求められるのは、徹底して問題を掘り下げる記者。浅い取材で強く主張する薄っぺらい記者をこそ、否定すべきなのだ。

似た話で、苦い記憶がある。

移民労働者のテーマにのめり込み始めた学芸部記者時代、当時の上司は私をホテルのラウンジに連れ出し、「新聞記者は個人的なテーマなど持つべきではない。やれと言われたことをやり、担当が変わればまた、次のことに全力で取り組むべきなのだ」と懇々と言い聞かせた。説諭は夜明け近くまで続いたが、私は最後まで「そうは思わない」と言い続け、やり取りは平行線のまま終わった。

いま思えば、対応こそ青臭いものだったが、主張は間違っていなかったと思う。

フリーになり、一冊の本を単位にテーマを追うサイクルに身を置くと、ワンテーマの取材には二年ほどかかるし、重なり合うテーマで続編をまた目指せば、十年、二十年という単位で物事を調べていくことになる。

新聞記者の場合は、二、三年で人事異動があり、ひとつの任地にいる間にも何回か配置換えがある。ワンテーマを半年ほどかじったところで、入り口を触るだけだ。組織に身を置いて持ち場は転々と変わっても、自分のメインテーマには長期間関心を持ち続け、折を見て取材を積み重ねる。そうしなければ、底の浅い記事しか書き得ない。

外部から新聞やテレビの記者を見ていると、つくづくそう感じる。

組織が自己防衛を本能とするならば、この時代、言論の砦を守るのは、最後にはひとりでも闘う、という個々人の気概以外にない。そんな個人がまだ一定数残っている職場や、各組織に点在する人たちに、望みを託したいと思う。

第五章　フリー記者として

旧友との再会

ノンフィクションの黄金期、新聞やテレビの記者が、フリーの書き手となる例は数多く見られたが、近年はもう、そういった転身はかなり難しい。

とくに定型の短い記事ばかり書いてきた記者の場合、月刊誌などの長い文章をまとめること、あるいは単行本を書きこなすこと、それぞれの段階に乗り越えるべき技術上のハードルがある。

繰り返し長めの記事を書く機会を与えられ、編集者の指導や助言を受けながら技術を磨いてゆく。未曽有の出版不況の中、書き手の脱皮をサポートするそんなシステムは、出版業界からほとんど失われてしまっている。〝修練の場〟であった総合誌は次々と廃刊となり、残された雑誌にも往年のような余裕はない。

「書き手が編集者に育てられる。ボクはギリギリでその時代に間に合ったんですよ」

二〇一六年の春、二十余年ぶりに会ったジャーナリスト・青木理は自身の足取りをそう述懐した。それは私自身、自らの来し方に抱く感慨に似通っていた。

私の場合、それは一種の強迫観念として夢にまで現れる。

大空に浮かぶ螺旋状の階段。この〝フリーとしての階段〟を一段ずつ上る中、振り返ると下方の段が次々と消え去っている。当初遠方にあったその動きは、どんどん背後に近づいて、気がつけば、足を離すそばから段が消えている。私はいつまで上ってゆけるのか、果たして安定した高台にたどり着くことはできるのか……。

青木のように「間に合った」と言える境地にはほど遠いが、編集者たちの支えを過去、受けてきたおかげで、私はまだ「ギリギリで」この仕事を続けられている。嫌な目覚めのあと、現実の立ち位置を思い出し、私はようやく安堵するのである。

最近は活字の世界だけでなく、テレビ・コメンテーターとしても活躍する青木は、共同通信の出身。私とはともに社会部記者だった若き日に、同じ池袋署を担当する間柄だった。

警視庁記者クラブの下部組織「方面回り」の記者。池袋署の記者室は、文京区と豊島区をエリアとする警視庁五方面のクラブである。

元読売記者・本田靖春の代表作のひとつに、『警察《サツ》回り』という作品がある。昭和三十年代、上野警察署（六方面）のクラブに所属した若手記者たちの物語だ。のちに朝日「天声人語」の名コラムニストとなる深代惇郎をはじめ、社のライバル関係を超えた記者たちの友情が描き出されている。

実際、方面回りの仕事は、殺人事件などの発生時、現場での「地取り（聞き込み）」に狩り出される下働きが中心で、平時には「街ダネ」と呼ばれる人々の暮らしの話題を拾い歩く。重要な捜査情報を競うのは警視庁担当で、下っ端の方面回りに〝抜いた抜かれた〟の責任はない。各社ひとりずつ上司のいない記者室で、最末端の記者同士は自然と仲良くなる。

私にとって青木は、そんな方面時代、池袋の街を飲み歩いた仲間のひとりだった。

年齢は私が五歳上。社を離れた時期も私のほうが早いが、共同時代から雑誌にアルバイト原稿を書き、デビュー作『日本の公安警察』も刊行した青木は、独立後ほどなく頭角を現した。現在ではリベラルな報道人を代表するひとりになっている。

互いにひとしきり「その後の二十年」について報告し合ったあと、私はこんな質問を彼に投げかけた。

「あなたはもともと、いまみたいなタイプではなかったでしょ？」

あの朝日騒動から一年半。青木はジャーナリズムの右傾化に警鐘を鳴らす発言や執筆を繰り返していた。だが正直なところ、私の記憶するその姿に「問題意識型・正義漢タイプ」の印象はなかった。

「最近、同じことを別の人からも言われましたよ」

青木は苦笑いを浮かべた。共同の同期記者だった友人の指摘だという。共同のこの代には入社直後のエピソードがあるという。異なるゲストを囲む会合がふたつ、同じ日に開かれて、出欠席の選択を迫られたのだ。一方の会合は、共同の元編集主幹・原寿雄を囲む会、もう一方は少し前

『犯罪報道の犯罪』というベストセラーを出した共同の先輩記者・浅野健一が出席する会だった。原もリベラルなスタンスで知られる著名な報道人だったが、浅野は犯罪容疑者を実名で報じるメディアのスタイルこそ「犯罪」だ、と批判するラジカルな〝時の人〟だった。〝問題意識〟の強い新人はみな浅野のいる会合を選び、青木たち原の会の参加者は〝ノンポリ・体制寄り〟と見なされたという。

青木には、たまたまその会の幹事役という事情もあったようなのだが、実際、方面時代の印象も、取り立てて〝尖った記者〟というものではなかった。私なりの分類で言えば、自分と同じ〝探求心・好奇心型〟に思えたものだった。

それがいまや、右派からの猛攻撃を浴びながら、ジャーナリズムの危機を訴える旗頭のひとりになっている。

「気がつけば、我々の世代が先輩から教わった〝ごく当たり前のこと〟が、いとも簡単になぎ倒される状況になっている。ボクだってジャーナリズムの問題なんて本当はやりたくないですよ。自分のテーマを掘り下げてゆくほうが楽しいに決まっている。でも、おかしいことはおかしいと言わざるを得ないでしょう」

いつの間にか、真ん中にいたはずの自分が、左とされる時代になってしまった。そんな巡り合わせに、戸惑いを隠そうとはしなかった。

青木は一四年暮れ、『サンデー毎日』の連載コラムを下敷きに『抵抗の拠点から　朝日新聞「慰安婦報道」の核心』という単行本をまとめている。その帯には《朝日バッシング＝歴史修正主義と全面対決する》という惹句が書かれている。

「最初に書き上げた原稿では『こんな当たり前すぎることをいまさら書くのは恥ずかしい』ということを、それこそ十カ所くらいボクは書いたんです。編集者はそんなに何度も書かないでくれ、と言う。『こういうことを書く人はもう、青木さんくらいしかいないんです』とね。いつの間にか地滑り的にこんな状況になり、我々は崖っぷちまで来てしまっている」

巨大メディアに存在する「組織人たること」を求められる空気。それが嫌で十年以上前、社を辞めた青木や私でさえ「ギリギリだった」と薄氷を踏むタイミングだったことを痛感する昨今、安易な独立はもう相当に難しい。組織にいてこその報道、という傾向が格段に強まった環境も、〝もの言えぬ空気〟の背景にはあるように思えた。

しかし、青木はまだ組織に絶望し切ってはいないという。そして、この流れを食い止めるには「ジャーナリズムをめぐる原理原則」を何とかして次世代に継承することが必要だと強調した。

「ボクは昔、大学でジャーナリズム論を習うことなど無意味で愚かしいと考えていたけど、いまは違います。まずは根本をきっちりと学ぶこと。そして新聞社の記者育成システム、これを考え直すこと。地方支局でサツ回りをやらせて、次に県庁回りになり……という昔ながらの育成を未だにやっています。このふたつを何とかしないと、本当にまずい。最近は新聞社の人に会うたびに、そう主張しているんです」

では、我々ロートル組はどう生きていけばいいのか。フリーとしてノンフィクションを書く厳しさ、ぽつりぽつりと点在する熱意ある編集者への恩義など、現状へのさまざまな思いを語り合い、最後には〝食うだけなら何とかなるのでは〟という結論に落ち着いた。

「細々とね」

異口同音でそうつぶやき、顔を見合わせて笑った。

転機となったグアテマラ取材

私が新聞社を辞めたのは一九九八年。入社して十四年目に入った夏のことだ。当時は組織人としてのストレスで相当参っていて、後先を考えず、とにかく会社を辞め、まずはリフレッシュのため年来の夢・中南米への長期旅行に出ることにした。

フリーになる考えは当初、まるでなかったが、長いひとり旅の中で少しずつ考えが変わった。すでに四十歳近い年齢や、記者稼業以外に〝手に職〟はないこと、何より自分はまだ、取材をしてものを書く、という行為そのものに愛着があることに気づき、引き続き取材者として生きる道を模索することにした。

とは言っても、〝筆一本の独立〟はやはり難しいと考えていた。新聞社内ですら〝その他諸々〟でしかなかった自分の実力を冷静に判断してのことだ。

友人の助言もあり、目指すことにしたのは、ビデオジャーナリスト。写真を撮り、文章を書く以外に、動画も撮影する。ワンテーマの取材で紙媒体とテレビ双方に成果を発表できるなら一石二鳥、経済的に立ちゆくのではないか、そう思ったのである。

長期旅行から引き揚げた私は、そんな考えから東京でビデオジャーナリスト・グループの門を叩き、機材を買い揃え、基礎的なノウハウを学んだ。

結論から言えば、この道は私には向いていなかった。文章と映像の仕事は別物であった。コツをつかめば違うのかもしれないが、文章での取材はひたすら前へ前へと進む作業であり、映像取材は一定のラインで前進をやめ、〝絵づくり〟を優先するものだった。

「十を聞いて一を書け」

新聞社では昔、そんなふうに教わった。事象を理解するために必要な知識を十二分に得たうえで、そのエッセンスだけを文字にする。現実には、そこまでの余裕はなかなかなく、仕事に習熟するに連れ、〝必要最低限の取材〟でごまかす術も覚えてしまうのだが、理想として目指すところはそういうことだった。

二十人から話を聞き、その中から厳選したふたりのコメントを記事に盛り込むのと、最初からふたりにしか会わないのでは、記事の厚みが全然変わってくる、という話だ。

「前へ、前へ」というのは、そうやって貪欲に情報を収集する作業を意味している。

だが、映像の場合は、人に会い、話を聞き、すぐ次に進めるわけではない。ひとりの取材に付随する作業がさまざまある。たとえばその相手が住んでいる町の全景、面会場所の外観、その人の仕事中の姿など、インタビュー以外にいくつもの絵を撮る必要がある。

「○○という農村」で「郵便局に勤める人」と「職場近くの喫茶店で」会い、インタビューしたという、文章なら一文で済む説明に一つひとつ「絵」をはめ込むのだ。

ひとりの人物から話を聞いたあと、隣町にもっと詳しい人がいることがわかったとする。「文の取材」ならどんどん渡り歩き、情報を積み重ねてゆけばいいのだが、「映像の取材」ではそうはいかない。ひとり当たりにかかる手間がまるで違うからだ。

つまり、ひと通りのリサーチで映像レポートの骨格を定めたら、極端な変更や白紙化はなかなか難しい、ということだ。

長期旅行のあと数カ月、そんなノウハウを学んでいたときに、中米のグアテマラでひとつの事件が勃発した。グアテマラは私が放浪旅行の際、最初に滞在してスペイン語を学んだ国だった。

そこで日本人の団体旅行客一行が先住民の村を訪れ、突然、暴徒と化した群衆に襲われたのである。旅行客ひとりと現地人のバス運転手が殺されてしまった。

私は機材一式を抱えて現地に飛び、二カ月ほど現地を取材した。

謎だらけの事件ではあったが、長らく左翼ゲリラとの内戦が続いていたこの国で、私は現場の村に右派民兵的な自警団があり、ゲリラ協力者への集団リンチを過去、起こしていたことに着目した。似たような他の村では、政府とゲリラの和平を好まない勢力が人々の宗教的迷信を利用してデマ情報を流し、「悪魔」と疑われた外国人観光客が殺害される事件が起きていることもわかった。

こうして内戦の精神的傷痕を事件の背後に見るルポ記事を、書き上げることができたのだが、映像のほうは使い物にならなかった。集団リンチの村でカメラを取り出す緊張に、どうしても腰が引けてしまったうえ、ほぼ白紙の構成を行き当たりばったりで固めてゆく取材方式が、無数の〝撮りこぼし〟を生んでしまったのだ。

「雑誌記事と同じ内容が撮れていたら良かったんですけどね」

テレビ局の担当者は後日、編集映像を見たときの落胆をそう語った。

その一方、このときのグアテマラ取材は、私にとってフリーの書き手となる一大転機にもなった。

長文のルポ原稿は、親しいノンフィクション作家の先輩を通じ月刊『文藝春秋』に持ち込まれ、ほとんど手を入れられないまま掲載されることになった。しかも四百字詰めで三十枚が上限、とされていた当時の『文藝春秋』に、四十数枚という破格の扱いをしてもらえた。

フリーとして初めて書いた原稿が、最も敷居が高く思われた媒体に掲載されたことは、何物にも代えがたい喜びに感じられた。

文春社内で最初に原稿に目を通して『文藝春秋』への掲載を決め、『週刊文春』編集長や書籍の編集者にも引き合わせてくれたのは、数々のノンフィクション作家を育て上げた編集者で、その後独立して直木賞作家となった白石一文であった。

「稼げるかどうかはわからないけど、あなたはこの世界でやっていける。本を書きましょう。賞を獲りましょう」

現実にはその後、食うや食わずの惨憺たる日々を送り、初めての本を書くのは八年後、賞の類には未だ縁のない私だが、この仕事を今日まで続けてこられたのは、このときの白石の言葉に勇気づけられたためだった。

このようにして私は再度成田を発ち、南米ペルーを拠点にフリー記者として生きてゆく意思を固めた。なぜ南米か。正直に言えば、そこには一種〝逃げ〟の姿勢もあった。

何ら専門性のない取材者であった私は、白石の激励にもかかわらず、多くのライターがしのぎを削る東京で闘い、生き抜いてゆく自信は持てなかった。どこであれ「現地在住」ということならそのエリアの仕事は受注できそうだし、生活費の安い途上国に身を置けば、東京で必要な稼ぎの半分でも生きてゆけるのではないか。そんな皮算用をしたのだった。

だがその後、七年もの長期間、南米に暮らしたのは予定外だった。途中、家庭の事情で一時帰国した際に、白石から「なぜ手ぶらで帰国したのですか？」と、本にする原稿を書いていないことを責められ、以後、白石の文春退社後も「中途半端な形では戻るに戻れない」と追い込まれてしまったのだ。

結局このペルー時代、私は非公式な文春特派記者という形で報道ビザを取得。あの青森県住宅供給公社巨額横領事件の「チリ人妻」アニータを追ったり、日韓W杯のイタリアー韓国戦で露骨に不公平な笛を吹いたエクアドル人審判について取材したり、あるいは失脚後の日々を日本で送っていたフジモリ元大統領の復権を目指す動きをフォローしたり、折々の話題を取材しては『週刊文春』に原稿を書き送った。

新聞記者時代からの関心事、南米の移民社会・日系社会については不定期のルポを『望星』に数年間書き続け、帰国して最初の著作『日本から一番遠いニッポン　南米同胞百年目の消息』（東海教育研究所）にまとめることができた。

〝完全フリー〟の厳しさ

フリーの取材者には、大別して二種類の働き方がある。ひとつは雑誌の編集部に契約記者として雇われ、固定給を得る方法。もうひとつは、あちこちの媒体に企画や記事を売り込んで、自転車操業で原稿料を得る文字通りのフリーランサーだ。前者が契約社員なら、後者は日雇い労働者のようなものだ。

毎週の誌面づくりに奔走する契約記者は、三十代が中心。片や私は「グアテマラ秘境ツアー」の記事を書いたとき三十九歳で帰国時は四十五歳。いずれにせよ歳を取りすぎてしまっていた。その間に一度、親の病気で一時帰国した際に、週刊文春で約一年間、契約記者にしてもらったが、基本的に「好きなテーマで自由に取材してくれればいい」というありがたい立場だった。日中の国際結婚業界のルポや自殺問題のＮＰＯ取材、イラクへの自衛隊派遣などの記事を書いた記憶がある。

南米を引き揚げてからは、完全にフリーの状態だ。ふたつの立場を比べれば、固定給のある契約記者のほうが確実に生活は安定する。ただし雑誌にもよるが、契約記者という立場も五十歳前後で打ち切られることが多く、いずれにせよ〝ひとり立ち〟を求められる。

音楽ライターやスポーツジャーナリストなど、専門性のある人は強い。新聞社で言うところの

〝社会部系〟は何でも屋だが、潰しはまるで利かない。私のように〝ラテンアメリカに強い〟などと言っても、マーケットが小さすぎる場合は、ほとんど意味はない。

こういった完全フリーの場合、ものを言うのは企画力だ。文春に限らずさまざまな媒体に日常的に企画を出し、採用されれば取材に着手する。各誌原稿を発注するデスクは四十歳くらいなので、それ以上の年齢の書き手に〝誰でもいい仕事〟を回してくれることはまずない。つまり、売れっ子として指名されるなら別だが、そうでない限り、四十代以上の取材記者に〝降ってくる仕事はない〟と考えたほうがいい。

しかし月に何本も企画を通すのは容易ではないし、思いがけず多くの企画が決まっても、ひと月に取材して書き上げられる原稿の本数には限りがある。エッセイなどと異なり、リサーチをして何人もの人と会うことが必要な取材モノの記事は、極めて生産性が低いのである。生産性を上げることは、手抜き取材、質を落とすことに等しいのだ。

一方で原稿料や取材経費は、媒体によって違うが、全体として低下傾向にある。私自身の十七年間の経験でも、ページ単価が四割もダウンしてしまった雑誌もある。

つまり自分の処理能力の範囲内で、上限に近い本数の企画が採用され、それをすべてこなすことでかろうじて生活が成り立つ、そんな職業になってしまったのだ。

このため四十代以上の書き手は、一定の間隔で著作を出し、印税収入も得られるかどうか、というところがサバイバルのポイントとなる。

一、二年かけて本を出したところで、売れなければ一、二カ月分の収入を得るだけで終わる。それでももし売れれば、半年分、一年分の収入が賄えることもある。自転車操業でひと息つく希望は、印税収入にしかないのだ。

また、売れる売れないは別にして、書き手の地位は著書によってしかステップアップしない、という現実もある。よほどの大スクープでもなければ、週刊誌や月刊誌の記事などすぐ忘れられてしまう。初対面の編集者と企画の相談をする場合、相手は書き手の著作を見て、その持ち味や実力を判断する。〝名刺代わり〟になる本の有無は大きい。

五十代になり、改めて振り返れば、契約媒体のないフリーは単行本を基軸に据え、可能ならどこかの雑誌でそれを連載し、ダメでも部分的な取材成果や副産物を単発記事として切り売りする。そしてさらに不足する収入を、その他の企画提案で補ってゆく、という形でしか生きてゆく術はない。

その場その場の雑誌仕事に全力投球し、少しずつデータを蓄積して、いつの日か本を書き下ろす。そんなやり方を目指しても、実現には至らない。新聞記者時代も「目の前の仕事に全力を注ぎ、企画はその余力でやれ」と言われたものだったが、それは違う。

いや、ごく稀に、それができるスーパーマンもいるが、大多数の凡人には極めて困難だ。新聞の長い企画や書籍は、それを狙い続けて初めて実現するものである。その分、「目の前の仕事」は時におろそかになる。摩擦を恐れずにそれを狙うのか、それとも〝良き組織人〟として個人的野心は抑えるか。そのどちらかしかないと考えるべきなのだ。

新聞社や出版社の正社員なら、後者でもいい。より良い会社員人生は、そのほうが約束されるだろう。だが契約記者の場合、いずれは〝ひとり立ち〟の日がやってくる。本も書けない実力のまま、世間に放り出されたらひとたまりもない。ましてや固定収入ゼロの完全フリーなら、自転車操業の企画提案とその処理を繰り返したところで、いずれ時間の問題で自転車は倒れてしまう。

「みんなどこに消えちゃったんだろう」

たまに同業者と話すと、この仕事から〝フェードアウト〟した中高年フリーの話題がよく聞かれる。すでにそれほどに、フリーの取材記者はサバイバル困難な稀少な職業になってしまっているのである。

あの本田靖春でさえ……

フリー記者の懐具合の話を延々とした。だがこれは、この職業を語るうえで最重要問題だと言っていい。青木理との会話でも出た「良い編集者」あるいは「良い媒体」というのは、技術面の指導だけでなく、食いつなぐことまで気にかけてくれる人たちのことだ。

　私自身、廃業ギリギリまで追い込まれた四十代後半には、トータル数百円で揃えられる文庫の古書資料さえ買うことができず、図書館に通ったものだった。そんな中、「記事になってもならなくても取材経費はウチで払うので、領収書を送ってください」と言ってくれる雑誌編集者も何人かいた。

　媒体としてのスタンスには、しばしば意見を異にする文春に、深く恩義を感じるのも、そこにいる何人もの編集者の厚情が忘れがたいためだ。

　七〇年代から八〇年代の代表的ノンフィクション作家に、読売出身の本田靖春がいる。二〇〇四年、七十一歳で他界した本田が病床で綴った遺作『我、拗《す》ね者として生涯を閉ず』には、彼ほどの大家でさえ、困窮に苦しんだことが赤裸々に綴られている。

『私戦』『疵』『不当逮捕』『警察《サツ》回り』……。その素晴らしい作品群を読み返せば、この時代のノンフィクション作品が、今日にない高水準にあったことがわかる。たとえば東京五輪の前年、国内を震撼させた誘拐殺人事件「吉展ちゃん事件」を描いた『誘拐』では、その冒頭、事件発生の日の夕刻に、被害者宅前の公園にいた人々の様子が、これでもか、というほど克明に描写されている。

　ベンチで一服する靴屋の視界を横切った人影は、夜鳴きそばを売る屋台を借りるため、親方の家に行く十八歳の青年であった。別のベンチに横たわる三十男は少し前、プラスチック加工工場を辞めた失業者だ。子供向けに駄菓子や焼きそばを売る男は、客足が途絶えたためひと休みしていた。肉体労働者風の三人連れ、片腕のない男、子供ふたりに用を足させるため、公衆便所の脇に車を停めた父親……当日のこの時間帯、警察の調べでは、計三十九人もの人物が公園に足を踏み入れたという。

凶悪な犯行が幕を開けるその直前、本田は、いままさに引き裂かれようとする下町の日常を丁寧に描き出したのだ。そしてまた、警察の聞き込みを真っ先に受けたこれらの人々に、もしかしたら犯人も含まれているのかもしれない、読者にそんな緊張感も与えている。

本田はこの十ページほどの導入部を書くために、いったいどれほどの労力を取材に注ぎ込んだのか。こうした取材の分厚さこそ、私の憧れたノンフィクションだった。

しかし彼の遺作『我、拗ね者として～』の読後感は痛ましく、切ない。読売退社後の本田は、文春のサポートで活躍し、その後、路線の違いから文春を離れ、晩年は講談社の媒体に活動の場を移した。ちなみに青木理も講談社に支えられ、世に出た書き手である。

本田の時代はノンフィクションの黄金期。原稿料も取材費も現在より潤沢に支払われた。単行本も桁違いによく売れた。それでも本田は終生、経済的に苦しんだ。彼の場合、妻の浪費癖という固有の問題もあったのだが、深い取材をすればするほどに経費がかさむことは、ノンフィクションの宿命でもあった。

『我、拗ね者として〜』にはこう書かれている。

《わが国におけるノンフィクションについて語るとき、文春の田中健五さんを抜きにすることはできない。彼は『諸君！』の編集長に就任すると、元文春の編集者だった立花隆氏を起用して、ノンフィクションの原型ともいうべきものの模索をはじめた》

やがて『文藝春秋』の編集長となった田中の周囲には才能ある書き手が続々と集まった。

《立花隆氏を筆頭格に、柳田邦男（ＮＨＫ）、上前淳一郎（朝日新聞）、沢木耕太郎（フリー）、澤地久枝（中央公論）といったように、錚々たる顔触れ》であった。

それまでの総合月刊誌の書き手は学者が中心で、原稿も論文が主だった。

《書き手の側からすると、こういう雑誌の原稿料に頼っていたのでは生活が成り立たない。恐ろしく原稿料が安かったからである》

田中の登場で、こうした状況は一変した。

《これと思った人には『諸君！』に発表の場を与えて、着々と人材集めに取りかかった。前記の面々は、多かれ少なかれ、田中さんの手を経て世に出た人たちである》

《経済的配慮も怠らなかった。私の場合でいうと、『諸君！』から『文藝春秋』に移ったとたん、原稿料が三倍以上に増額された》

《ノンフィクションは小説と違って、手間もかかれば時間もかかる――と言い切って社内の反対を押し切った田中さんは前例とかしきたりとかにとらわれない、不言実行の人であった》

しかし、そんな環境を本田は自ら捨て去った。きっかけは田中の保守路線、とくに南京事件を否定する鈴木明の記事『南京虐殺のまぼろし』を『諸君!』に連載させたことだった。この作品は大宅壮一ノンフィクション賞も受賞した。

《その私に、やがて救いの手が伸びる。それがなかったら、私は疑いもなく尾羽打ち枯らしたキリギリスになって、いまごろホームレスにでも転落して、野垂れ死にしていたであろう。これは誇張でも何でもない》

講談社『現代』に連載した『我、拗ね者として~』は最終回ひとつ前のこの記述で断ち切られ、本田の言う「救いの手」すなわち講談社への謝辞は書かれないままに終わっている。

私が新聞記者を辞め、文春と接点を持ったのは、本田が文春とのかかわりを絶って約二十年を経たあとだ。それでも、本田の記す回顧には、理解できる部分が多々あった。

朝日社内では「右寄りの記者」を自認した私だが、『週刊文春』はまだしも、『諸君!』への執筆には、ためらいを覚えた。

「諸君らしい原稿は、私には書けませんよ」

そう告げても、編集者は「気にせずに好きなように書いてください」と執筆を勧めてくれた。

当時の編集部では、あくまでも看板のタカ派原稿を載せはするものの、それはそれとして「若手執筆者を育てる媒体」として、雑誌を捉えている、ということだった。

朝日新聞も同じだが、文春も定期刊行物のイメージと個々の社員のスタンスは必ずしも重ならない。リベラルなノンフィクションの書き手を育ててきた伝統を誇りとする人たちも少なからずいる。

以前、ある文春編集者と酒を酌み交わし、こんな話をしたことがある。

「朝日社員の最左翼と文春社員の最右翼を二割ずつ切り捨てて、もし全部、入れ替えたとしても、すぐにまた、これまでと変わらない朝日新聞と文春の雑誌が発行されるに違いない」

この文春社員も苦笑しつつ同意してくれた。

これはこれで、「社の方針」に従順な日本型組織の問題ではあるのだが、私の言いたいのは、いずれにせよ〝凝り固まった人〟はごく少数だ、ということだ。文春でも新潮でも、書籍のラインナップに雑誌ほどのイデオロギー色は薄く、そこには編集者の個性のバラツキが反映されている。

世相がかくも分断した時代であればこそ、新聞や雑誌など定期刊行物の内容にも、健全な尺度の範囲内で〝バラツキ〟が広がってほしい。個人的にはそう願っている。

筆力と取材力

二〇〇八年に南米移民についての本を出したあと、一一年には横浜・寿町を舞台に、新聞歌壇で次々と入選を果たした謎の人物を追った『ホームレス歌人のいた冬』（東海教育研究所、文春文庫）、一四年には福島第一原発のお膝元・大熊町で被災した住民のルポ『さまよえる町　フクシマ曝心地の「心の声」を追って』（東海教育研究所）と、大正時代のアナキスト・映画監督で戦争協力者になった私の祖父の評伝『夢を喰らう　キネマの怪人・古海卓二』（筑摩書房）、そして一七年には翁長県政下の沖縄問題のルポ『国権と島と涙　沖縄の抗う民意を探る』（朝日新聞出版）とこの九年間に五冊の本を書くことができた。

移民、ホームレス、原発被災者、戦前のアナキスト、沖縄とテーマはバラバラで、その時々、自分が興味を惹かれた題材に行き当たりばったりでのめり込んできたつもりでいた。だがあるとき初対面の編集者から、「三山さんのテーマはアイデンティティーなのですね」と指摘され、そうなのかもしれない、と初めて思い当たったのだった。

人間が自らの存在への自尊心を守り、生きてゆくこと。私はそれを損なう力を憎み、困難に抗おうとする人に尊敬の念を抱く。言われてみれば、自分の興味にはそんな傾向がある。国家でも巨大企業でも、個々人に圧を加える権力に警戒心を抱くのは、そのせいかもしれない。右でも左でも、集団主義こそを恐れるのだ。

それにしても、第一章で最近の若手記者がノンフィクション作家や作品をまるで認識していない、ということに触れたが、このカテゴリーの衰退は驚くべきほどだ。

以前、ある出版社の若手編集者で、私の作品に「新鮮な驚きを感じた」と言ってくれる人がいた。ちょっとしたリップサービスであったのだろうが、よく聞けばその編集者は、第三者の立場にいる取材者が、当事者を訪ね歩き話を聞く、というスタイルそのものを「新鮮だ」と語っていたのだった。

社内での担当はノンフィクション。ではこの編集者はいったい何をノンフィクションと認識していたのか。どうやらそれは、成功者の自伝だったり、稀有な出来事の体験談だったり、というイメージだったらしい。つまり職業的な書き手がゼロから物事を調べてゆく、というスタイルは念頭になかったようなのだ。

確かに大災害の被害について第三者が調べるより、被災者本人が書いたほうがコストも労力もかからない。この出版不況の折、ゼロからの調査を出版社が嫌がるのもわかる。しかし、そんな発想は確実に正統なノンフィクションを衰退させている。

もうひとつ、近年の若い人たちがノンフィクション・ジャンルを意識しない、という点は、ルポやドキュメントに作品性を感じないためなのではないか、ということも感じる。何も読んでいない、ということではおそらくない。原発事故であれ、沖縄問題であれ、興味あるテーマの本は何かしら読んでいる。ただあくまでもそれは、原発や沖縄についての詳しい本であり、作品とは考えない。著者の名前も記憶には残らないのだろう。

私たちの若いころは、立花隆なら立花隆、柳田邦男なら柳田邦男と、その著者の作品をむさぼり読んだものだった。農協や中核派、脳死、臨死体験など、バラバラのテーマでも、「その著者の作品」を読みたいと思ったのだ。

作品として読まれないノンフィクションは情報や記録でしかない。極端な話、ウィキペディアなど、ネットの無料情報と地続きのところにあり、「より詳しく知りたい」という関心の受け皿でしかないのだ。

もちろんこの現状への一義的な責任は書き手の側にある。昭和期のような魅力ある作品を生み出せてこなかった問題が大きいのだろう。ノンフィクション書籍は単に情報の集積ではなく、一ページ目から最終ページまで読み通して初めて、ひと固まりの作品として何事かを感じさせるものでなければならない。映画作品の予告編を見ただけでは、その映画全体を味わえないように、ノンフィクション作品もそうあるべきなのだ。

ただ私は、実際にノンフィクションを書く立場になったうえで痛感しているのは、ノンフィクションにはふたつの大きな要素がある、ということだ。ひとつは、いま述べた作品性の問題、構成力や文章力の話だが、もうひとつは取材力、ファクトの力である。衰えているのは書く力だけではない。取材力の低下傾向も深刻だ。

そこには属人的な力量の問題もあるが、何よりも予算的に深い取材が困難な現実も障害になっている。できる限りローコストで要領よく一冊の本をまとめる。それが不満なら自腹を切り、赤字覚悟で取材するしかない。それが昨今の書き手に迫られる現実である。

書き手にも、編集者にもふたつのタイプがある。文章にこだわる人と取材にこだわる人である。私は、と言えばもちろん両方とも大切だと考えるが、どちらかと言えば〝取材派〟だと思っている。そこには新聞記者出身、という出自も影響しているだろう。新聞記者の世界で尊ばれることは〝取ってきた情報がすべて〟と言ってもいい。文章などいくらでも手を入れることができる。ライバル紙との関係でも、自分の知らない情報が出ていれば歯ぎしりをする。他紙の文章が上手いからといって悔しがる人はほとんどいない。

ブンヤの目でノンフィクションを読むと、どれほど文章が巧みでも、いい加減な取材であることが透けて見える作品は、まるで価値がないのである。逆に「いったいどうやってこんな情報を」「よくぞここまで語らせたものだ」という作品には舌を巻く。

この視点は一種、職業病的な面もあるが、著名な作家でも取材が怪しい人は少なからずいる。会ってもいない人と会ったと書き、聞き出せていない言葉を聞いたと書く。これは明らかに反則だ。それが通用してしまうなら、人に会う努力や、打ち解ける努力がすべて無駄な行為になる。作り話を書く人は、フィクションの世界で勝負すべきなのである。

コストばかりかさむ取材を省力化し、ノンフィクションをどんどん怪しげなものにする。「ポスト真実」の時代に呼応するようなこの流れは、紙媒体や書籍のさらなる自殺行為にしか私には思えない。こんな時代だからこそ、手間をかけ人と会い、調べ尽くす。そこにこそ、代価を払う価値があるのだと認識されなければ、取材記事・ノンフィクションは生き残る術はない。

事実、ここ二、三年、雑誌媒体で唯一気を吐いているのは、「ゲス不倫」などのスクープ連発で「文春砲」とまで呼ばれる『週刊文春』である。電話取材やメールのやり取りなど安上がりな取材が他誌に広がる中、愚直なまでに正攻法の取材をこの雑誌は続けている。腹を据え、過渡的なコスト増に耐えるなら、他誌にもすぐマネできることだが、もはや多くの媒体はコストカットで延命を目指すだけの〝負のスパイラル〟に入ってしまっている。

文春をはじめとする雑誌メディアに望みたいことは、このネット時代にあって、部数の多寡とかかわりなく世論への影響力を新聞やテレビ並みに強めた自らの現状を自覚したうえで、ネット右翼的デマやヘイト記事とは決別してほしい、ということだ。

新聞やテレビを補完する〝ゲリラ的媒体〟を自認して、事実そんなポジションに位置していた時代には、対象をただ揶揄・嘲笑するだけの無責任な記事も許容されたかもしれない。だが、醜悪なネット世論がここまで広がってしまった以上、その責任の一端を雑誌は自覚して、保守系誌は保守系誌なりに〝真っ当な保守〟のスタンスから〝国家主義・全体主義的な異常さ〟と闘ってほしい。そう願うのである。

第六章　紙媒体とネット媒体

ネットが生み出した断絶

私の知る過去三十余年、ジャーナリズムはさまざまな変化を重ねたが、何よりもインターネットの出現こそ、世界規模で言論の変質を決定づけた出来事であることは間違いない。

新しい世代は大挙して本や雑誌、新聞から離れ、ネット上の断片情報から世の動きを理解するようになった。

取材をしてものを書く立場からすれば、その成果が印刷物になろうが、液晶端末のコンテンツになろうが、大差ないようにも思えるが、現実は違った。ネット社会はその利便性と引き換えに、言論のあり方に深刻な混乱を引き起こしている。

紙媒体の世界では、編集者や校閲による一定のチェック機能が働くが、誰もが自由に発信するネットでは一切の歯止めが失われ、不正確だったり意図的なデマだったりする情報が、際限なく拡散するようになった。

情報の真偽は、読み手が自分で見極めよ、という意味合いで、リテラシーという言葉が広まったが、かなりの読解力を備えた人以外、その能力は望むべくもない。

問題は、情報の精度だけではない。ネットへの過度の依存は、長文を読解し複雑な思考をする言語能力そのものを劣化させかねず、過去営々と書物の世界で論じられ、積み重ねられてきた膨大な知の遺産が、使い勝手の悪い文字の羅列として、死蔵されてしまうリスクさえ現実味を帯びている。

恐ろしいのは、物心ついたときからネット社会に育ち、〝それ以前〟を知らない世代には、この危機的状況がほとんど認識されていないことだ。

二〇一四年の年明け、NHK教育テレビで三十代前後の〝若手文化人〟十数人を集め、新年の展望を語る討論番組が流された。そこでの議論を聞き、私は暗澹たる気分に襲われた。

円卓を囲む論者たちは、半分が文科系の大学研究者、残り半分がネットを利用したビジネスや社会活動のリーダーたちだった。さすがに研究者はみな職業柄、書物にも接する人たちだが、後者のネット関係者には、その習慣がほとんどないことが、発言内容からはっきりと見て取れた。新年を展望するテーマにもかかわらず、「いま」という時代を現代史に位置づける時間軸の視点を彼らは持たないのだ。周辺の人との日常的な会話、そしてネット空間で自らカバーする領域の情報、それだけで彼らの世界観は形作られていた。

旧世代の感覚も兼ね備える研究者らは、たとえば江藤淳、たとえば司馬遼太郎といった昭和の文化人に言及し、現代を語ろうとするのだが、残り半分の出演者には、まったくと言っていいほどニュアンスが伝わらない。これほどポピュラーな人名を挙げているにもかかわらず、ネット文化人の面々には「研究者たちがあえて〝タコツボ的な専門知識〟を振りかざし、マニアックな物言いをしている」としか受け取れないようなのだ。

しかも彼らは自らの無知を恬《てん》として恥じる気配がない。それどころか、研究者たちの議論を〝世間に届かない自己満足の言葉〟と蔑んでいるようにさえ思われた。わずか四半世紀前の社会通念すら、「いま」を論じるには不要な知識であり、そんなことは断片情報を適宜検索すれば事足りると考えているようだった。

ある程度の読書習慣があれば、自分が生まれる前の時代に対しても、ぼんやりとした姿は把握できる。だが彼らは、イメージの空白を欠落とは感じないようなのだ。

私は似たようなギャップを、南米時代にも目にしたことがある。ブラジルやペルーへの日本人移民と、その二世や三世たちの間に横たわる価値観や知識の断絶である。

移民社会についてはその表面的観察から、「日本で失われた古い価値観がいまも維持されている」などと美化する言説も目にするが、そんな光景は現実にはレアケースだ。

日本語からポルトガル語、あるいはスペイン語へと、世代交代によって母語が切り替わる瞬間に、断絶は生み出される。カタコトの会話は可能でも日本語の文章まで読みこなせる二世、三世はごくわずかだ。一世が書き残した文章は山のようにあるのだが、その蓄積は後継世代には、紙くず同然になってしまっている。

二〇〇〇年の暮れ、ブラジルで象徴的な出来事があった。終戦直後の日本人社会を二分した深刻な対立抗争が『汚れた心』というノンフィクション作品で掘り起こされ、ブラジル全土で話題を呼ぶ大ベストセラーとなったのだ。作品はのちに映画化もされた。

終戦後のブラジルでは何年にもわたり、祖国日本の敗戦を信じるか否かという論点で、現実を受け止める「負け組」と、デマだと信じ込む「勝ち組」とに移民社会は真っぷたつに割れた。圧倒的多数派は「日本は勝った」と信じ込む勝ち組で、敗戦のニュースを敵国アメリカによる謀略工作だと決めつけた。一部の過激な若者は〝敵国の宣伝に踊らされる負け組有力者〟をリストアップして、二十数人を次々暗殺するテロ事件まで引き起こした。

事件の古い裁判記録を入手して『汚れた心』を書き上げたのは、日系社会とはまるで縁のないヨーロッパ系のブラジル人ジャーナリストだった。

私が当時、現地で出会った二世や三世は、口々にこの本の衝撃を語った。自分たちが生まれる前、コミュニティーにこんな秘話があったとは信じられない、というのである。

私には、彼らのこの反応のほうが驚くべきことだった。勝ち組・負け組の抗争は、ブラジル移民史の本には必ず登場する。現地日系人団体の資料庫には、当の一世たちが遺した一次史料が大量に保管されている。

にもかかわらず、世代間に横たわる「言葉の壁」は、ほんの半世紀前の集団的記憶さえ封じ込め、日本人移民史上最大の事件は、当事者の子や孫からきれいさっぱり忘れ去られていたのである。

私はいま、ネットの普及に伴う現代人の本離れにも、似たような側面を感じる。全国の図書館に保管されている膨大な情報のうち、ネット空間で読むことができるのはほんのひと握りだ。しかし、そんな現実を多くの若者は認識していない。

日本語力の低下も著しい。読書は人生に必要か否か。最近はそんな論争さえ、ネットや新聞で見かけるようになった。

本書をここまで読んでくれた人には言うまでもないことだが、幼少期の子供ならいざ知らず、読書の効用を根本から疑うなど、「読まない側」にしか浮かばない発想だ。ものを知り、考える行為は人生に必要か否か。そんな疑問を抱くのと同じくらいナンセンスな問いだからだ。不要だと決めつける人がいても構わない。だがそんな立場の〝正しさ〟を強弁されたところで、辟易するだけだ。

ひと昔前、作家の猪瀬直樹が「本を読む人かそうでないかは、少し会話すればわかる」とツイッターでつぶやき、炎上したことがある。読書量の過不足を判別する物差しなどあるのか、本にもいろんな本があるはずだ、などと異論が次々と上がったが、猪瀬は「ほらね」と、これらの声すべてを「読まない派」の反応だと看破してみせたのだ。

実際、猪瀬のつぶやきに共感を寄せるのは、同じ思いを抱いたことのある人に限られる。延々と嚙み合わない会話を繰り広げ、ああ、この相手は本を読む習慣のない人なのだな、とあきらめる。この徒労感は、わからない人にはわからないだろう。

読んだ本の質や量のことではない。論理の組み立てや語彙、洞察力の水準からの類推である。たとえ中高生であっても、その感覚に鋭敏な人はいる。

南米日系社会の断絶も、一世の側が二世、三世に抱く思いであり、ネット世代との溝も、紙文化の世代から感じる一方的なものだ。逆方向からの世代論もあり得るだろうが、コミュニケーションの壁としての絶望とは別次元の話だ。

後発の価値観はやがて多数派を占め、前世代が消滅すれば、そもそも断絶があったという記憶自体、消え去ってしまう。そんな日の到来が目に見えているだけに、やるせなさを覚えるのだ。

W杯とネトウヨの誕生

ネットの普及による社会変化は想定を超えるものだった。私は少なくとも南米にいた二〇〇〇年代半ばまで、その利便性による恩恵のみを感じていた。低収入で細々と食いつなぐ人間が、遠い南米大陸を拠点に電話回線ひとつ引くことなく、記者活動ができたのは、ひとえにネットのおかげだった。

さらに十余年を経た現在から振り返ると、五十代半ばになる私が職業人生で直面した技術革新は、実に目まぐるしいものだった。

新人の新聞記者時代は、ざら紙の原稿用紙に鉛筆で記事を書き、デスクとはファクスで原稿をやり取りした。外出時の通信手段はポケベルと公衆電話だった。

ワープロの導入が始まると、社の労組は「記者職への労働強化だ」と反対した。ワープロ全盛期は短期間に終わるが、パソコンへの切り替えが一気に進んだわけでもなく、報道写真の大半はしばらくフィルム撮影のまま。インターネットの利用者も初期はごく少数に留まった。比較的新しい記事はデータベース化されたが、より詳細に過去記事を調べるなら、調査部でスクラップを借り出すほうがずっと役立った。

私が新聞社を辞めた一九九八年は、そんな時代だったのだ。退社する直前、初めてプロバイダーと契約しメールアドレスを持つようになったが、国内で受け取る名刺にはまだ、ほとんどメールアドレスは記されていなかった。

しかし、そんな私もペルーに移り住んだのち、安価な通信手段としてどっぷりとネットに依存するようになった。

中南米ならどこの街角にもネットカフェがある。ＵＳＢならぬフロッピーディスクで保存した文章を持ち歩き、店のパソコンから送信した。横文字専用のパソコンしかなければ、日本語ソフトをダウンロードする。その手順も身につけていた。

ただし、ネットカフェの利用はもっぱらメールの送受信が目的で、長時間店に入り浸り、ネットサーフィンをする習慣はなかったため、母国でのいわゆる〝ネトウヨ〟の大量発生に気づくのは、かなりあとになってからだった。

たとえば南米滞在中、韓国人による竹島問題のデモの映像に接したり、サッカーの国際試合をきっかけに中国で吹き荒れた反日暴動のニュースを目にしたりしたときには、もちろんざらついた気持ちを味わった。ただ、そんなとき私は、ため息をつき舌打ちをする一方で、ひねくれた〝民族的優越感〟にも浸ったものだった。

近隣の両国民に顕著な激情型の性格、相手の言い分に耳を塞ぐ頑なな姿勢と比べてみた場合、我が同胞ははるかに思慮深く、じっくりと相手の話も聞く。自分はそんな国民性を持つ集団のひとりで、本当によかった。そんな悔しまぎれの感情だ。

ところが、日本に帰国してネットを隅々まで見るようになると、何のことはない。日本語の書き込みの醜悪さも、目を覆わんばかりだった。三カ国語に堪能な欧米人がいたならば、これはもう似た者同士、同レベルの泥仕合にしか映らないだろう。私の〝民族的優越感〟はもろくも崩れ去り、恥さらしな〝ネトウヨの売国的暴走〟に心底、嫌悪感を抱くようになったのであった。

〝ネトウヨ〟という呼称ひとつとっても、ネットではエンドレスに罵り合いが続いている。当人たち曰く、ネトウヨの定義は定かでない、自分たちは日本が好きな普通の日本人であり、それを否定するのは反日サヨクであり、在日だ……。

あまりにも馬鹿馬鹿しく、反論する気にもならない。ネトウヨ像を認知できないのは、本人たちだけだ。どう見ても、保守というカテゴリーとは別物だし、真っ当な民族派右翼と混同することも右翼に申し訳ない。

ネット情報によれば、この種の人々の発生は、サッカーの二〇〇二年日韓ワールドカップで嫌韓感情が噴き上がったことがきっかけだという。

大会の共同開催国となったことで当時のテレビや新聞は、日韓友好のポジティブな側面だけをクローズアップして、連日のように報道した。ところがその陰で、日本の敗退を望む韓国人サポーターが少なからずいたことなど、友好的とは言いがたい韓国側の動きが、さまざまにネット情報として拡散した。

おそらく、それもまた誇張された伝えられ方だったに違いないが、確かに苦々しい話ではある。それでも、この程度のことで四六時中、人種的憎悪を撒き散らすようになる人たちは、あまりにナイーブで愚か極まりない。不愉快でも苦虫を嚙み潰し、自制心を失わない。そんな泰然自若たる人格をこそ、私たち日本人は尊んできたのではなかったか。

当時を振り返ると、こうした環境を意識せずにいたとはいえ、私もまた嫌韓感情の盛り上げにひと役買ってしまっていた。

W杯のイタリア―韓国戦で、あからさまに韓国びいきの判定をしたエクアドル人審判がいた。私は『週刊文春』編集部の依頼で、エクアドルでこの審判を直撃し、周辺情報を聞き歩いて「疑惑のレッドカード」というルポを発表したのである。

さすがに賄賂の授受までは裏付けられなかったが、上昇志向の塊のようなこの審判の悪評はいくらでも集まった。ちなみに彼はのちに、政界進出を狙ったあと、麻薬密売にまで手を染めて、アメリカで懲役刑に服している。

記事の反響はすさまじく、とくにイタリアでは昼のテレビニュースのトップで扱われたと聞く。国内のネトウヨもおそらく、この記事で韓国による審判買収を確信し、溜飲を下げたことだろう。

あくまでもこれは当時のこぼれ話だが、その後の嫌韓感情をめぐっては、メディア論に関連して私にも思うところがある。前述したように若き日から右派雑誌にも目を通してきた私は、韓国人の反日感情に、時に理不尽でヒステリックな面があることは、以前からさまざまに読み知っていた。

だからこそ、W杯の裏話にも驚きはしなかった。だがその後、朝日新聞の慰安婦報道が蒸し返される流れを見て、問題は朝日の一九九〇年代の慰安婦報道より、付随した韓国周辺情報の掘り下げがあまりにも足りなかった点にあったのではないか、と思うようになった。

具体的に言えば、慰安婦を囲い込む現地支援団体の存在であり、当事者の救済より政治問題化を煽ってきた運動のあり方への疑念である。第四章で触れたことにも重なるが、韓国のこうした側面に触れずにきたことは、〝一刀両断型〟報道スタイルの弊害にほかならないように思えたのだった。

被害者は被害者、加害者は加害者として黒白をハッキリさせたがり、被害者サイドの記述からネガティブな要素を極力排除しようとする。

逆に右派雑誌は、ネガティブなデータばかりかき集める傾向が顕著で、その意味ではどっちもどっちだが、元慰安婦たちの救済問題と周辺のさまざまな状況をどちらもリアルに描き出し、多角的な報道を心がけていれば、あとになって負の側面を「隠していた」などと非難される事態にはならなかったと思うのである。

結局のところ、W杯を契機とするネトウヨ世論の誕生は、ネット情報によって初めて隣国のネガティブな側面に触れたナイーブな人たちが、隣国への過剰な憎悪をたぎらせて、陰謀論めいたマスコミ不信まで唱える流れだったように思えるのだ。

「信じたいこと」を「真実」とする人々

最近、たまたま手に取った宗教学者・島田裕巳の著書『反知性主義と新宗教』を読む中で、こんな指摘に目が留まった。

反知性主義とは、トランプ米大統領の誕生後、日本でも注目され始めた言葉だが、国内ではまだ《知性の欠如を批判的にとらえる時に、反知性主義ということばが持ち出される》程度の使われ方に留まっている。

もともとはアメリカで一九五〇年代に生まれた概念で、島田は翻訳家で教育者の田村哲夫の言葉を引く形で「『知能』を重視しても『知性』を軽蔑し、さげすむことであり、学者や科学者、ジャーナリストなどが批判の矛先となってきた」と解説する。

島田は神学者・森本あんりの著書にも触れ、反知性主義の現象は十九世紀以来、アメリカで何度も現れてきたもので、その本質は「知性そのものでなく、知性と権力の結びつきが固定化されることへの反発」とされているという。

私はこの記述を見て、ようやくネトウヨ的言説を理解する糸口と出会った気がした。

かつてジャーナリスト筑紫哲也は、草創期のネット書き込みを「便所の落書き」と評したものだった。もちろん、その後ネット空間には有用で正確な情報も増えているが、信じるに値しないゴミのような情報も相変わらず減る気配はない。

不特定多数に万人が情報を発信できるネットの出現は、まさに革命的な出来事だが、言ってみればこれは、甲子園大会の予選をやめ、高校生以外の幼児や老人、町内会のチームでも、希望者全員を出場させるような出来事である。ごく稀に、金の卵の発掘もあろうが、試合数は爆発的に増え、大会は観戦するに値しない草野球レベルになり果ててしまう。

それどころか、ルールそのものも改変され、勝敗を得失点でなく、観客の人気投票によって決めるとしたらどうか。全選手素っ裸のチームが注目を集めれば、それだけでどんどん勝ち進む。ネットの出現は、そんなカオスに等しいと私は思っている。

紙媒体の情報は、市場の存在によって流通する。新聞社や出版社は利益を上げるために水準以下の文章や情報は扱わない。一部にはゴミのような出版物も出回るが、全体としてはクオリティーによる選別がある。高校野球の予選同様、このふるい分けこそが〝そこそこの水準の試合〟を約束する。

日常的にネットを利用するようになり、最も驚かされたのは、ネット空間ではゴミのような情報や意見が淘汰されない、ということだ。どう見ても間違った情報、筋の通らない主張にも無数の支持が集まるのだ。

顔を突き合わせての議論なら、こうはならない。

たとえば一九八〇年代から続くテレ朝の討論番組「朝まで生テレビ！」。私はその初期から見てきた視聴者だが、客席からの発言は昔から、その大半がピンボケの質問や意見だった。それでも、出演者の手厳しい反応やスタジオのシラッとした空気から、発言者本人もすぐそれに気づいたものだった。

リアルな討論には必ずあるこの手の空気感が、ネット空間にはない。どんなに否定されようとも、「1＋1＝3」と主張する人は、その主張を曲げないし、同調者が現れる。執拗で攻撃的な論者はやがて相手をうんざりさせ、一方的に「論破」を宣言する。

デマや妄想、論理破綻だらけのネトウヨ世論が一向に衰えを見せないのは、こういったネット空間ならではの特性が大きいと思う。中国や韓国をいくら口汚く罵ったところで、隣国は隣国であり続ける。「罵倒してスッキリする」という行為が、国際関係の悪化とカタルシス以外何も生み出さないことは、小学生でもわかる。

私はただひたすら、その愚かしさに嫌悪感を抱くだけだったが、彼らの存在を島田の言う「反知性主義」で考えれば、なるほどと腑に落ちる面もある。

彼らはどれほど破綻した内容でも、信じたいことを信じる。論理的にそれが正しいからではなく、インテリ然とした対抗言論の発信者そのものを、生理的に嫌悪するからだ。嫌いな相手の言い分は頭から否定する。そして、その神経を逆なでするようなポイントをあえて強調する。そんなメンタリティーこそが彼らの〝無敵さ〟の根源だとすれば、いかなる論証も届かない理由がよくわかる。

主張が正しい側を支持するのでなく、支持する側の主張を正しいと思うのである。

「国民の知る権利」という言葉は、メディアが一般国民を代表する前提で、錦の御旗として掲げてきたスローガンだった。しかしこの大義名分は、一般国民に権力を問い質し、異論を唱える手段がない、という状況の上に成り立ってきたものだ。

ネットの出現は、この構図を根本から掘り崩した。「民の声」はもう、ダイレクトに世界に届くのだ。仲介者的立場のメディアによる〝最大公約数的なくくり方〟、人権に配慮した〝きれいごと〟にフラストレーションを覚えてきた人は、歓喜に打ち震えたことだろう。

メディアには乗りにくい〝剥き出しの憎悪〟も、個人なら好き放題書き散らせる。それを見て快哉を叫ぶ人たちも少なからずいる。

マスメディアとネット言説にはそんな緊張関係がある。

そんな中で、マスコミを「マスゴミ」と呼び、「ウソばかり」とする声が溢れるようになった。冷静に考えれば、彼らが「隠された真実」とありがたがるネット情報も、さかのぼればその大半は、ネット経由のマスコミ報道だ。そこにさまざまにねじ曲げた〝オリジナルの解釈〟や〝偽造した事実〟が潜り込む。

しかし、何が正しいか、などということは、彼らにはどうでもいいことなのだ。ネット空間の情報攪乱者たちは、攪乱をこそ目的に、そう主張し続けているのである。

一定の批判は織り込んで〝無視〟へ

いま思えば、二〇一四年の朝日騒動は、このようなネトウヨ世論が世間一般に、とてつもなく巨大化して見えた時期に起きたことだった。

その後の分析では、ネトウヨ的な情報の発信者は、ネット空間でもごく少数にすぎないことが明らかになっている。ネット上では圧倒的多数の声に映っても、リアル社会の世論調査や選挙結果とは著しく乖離する例も数多い。しかし、あの騒動のさなかには、攻守双方のメディアがネトウヨの幻影を過剰に意識して、冷静さを失っていた感がある。

誤解を恐れずに言えば、問題視された朝日のふたつの不適切な報道は、「国益」というキーワードさえ取り外せば、どのメディアにも覚えがあるような、ありふれたものだった。ひとつはきちんと訂正を出さないまま、昔の誤報を放置した話、もうひとつは、ニュースのインパクトを強めたいがために、データを都合よく抜き出した〝決めつけ報道〟である。

あのとき飛び交った「国益」という言葉も怪しげなものだった。朝日の慰安婦報道は記事量こそ多かったものの、一九九〇年代初頭はほぼ全メディアが似たトーンの記事を出していた。朝日記事が韓国の反発を引き起こした、という批判も、時系列の検証からデマだったことがわかっている。もうひとつの問題、原発事故報道を〝国の名誉〟に絡めて糾弾したことも、いかにも前時代的な論法であった。

そもそも、右派がクローズアップする国益とは何なのか。たとえば、尖閣諸島を都有地にすると騒ぎ立て気勢を上げ、その結果、中国で日本企業が襲われる反日暴動を引き起こすことは、国益を損ねる愚行には分類されないのか。

とにかくあの朝日騒動の顛末は、バッシングした側の報道も網羅したうえで、後世、冷静に検証すべき価値がある〝歴史的出来事〟であった。私はそう思うに至っている。

その一方、あれから約三年を経て、ネトウヨ世論に萎縮するメディア側の反応は、最悪の時期を抜け、少しずつではあるが、正常化に向かいつつあるように思える。

インターネットの普及以後、批判を受けない報道など、もはやあり得ない。そのことがようやく認知されてきたのではないだろうか。とくに論理性を度外視するネトウヨ的世論には、デマは丁寧に潰しつつ、あとは無視する以外にない。

おかしな人は常に一定数、世の中にはいる。そんな結論から思い浮かぶのは、遠い昔、学生時代に読んだ筒井康隆の小説『家族八景』である。

人々の心が読めてしまう女性主人公が、家政婦としてさまざまな家庭に入り込み、否応なく周囲の人の醜悪な心根を目の当たりにしてしまう。ネット経由で悪意の存在を知ることは、どこかこの〝心を読む能力〟に通じるものを感じるのである。

ネトウヨ的な人々は昔もいた。ネットは、見えなかったその存在を見えるようにしただけだ。そんなふうに考えるべきだと思うのだ。

これからのメディアは〝心の闇を見る装置〟を手にしてしまった以上、常に一定数の〝筋の通らない誹謗中傷〟はあるものと覚悟することが必要だ。それに屈したら、真っ当な人からの支持は失われる。批判ゼロの報道は、誰の関心も呼ばない〝中身のない報道〟でしかないのである。

本書で繰り返し述べてきた「ファクト」の大切さも、それが通じるのは、論理性を重んじる相手だけである。〝信じたいことだけを信じる人々〟を相手に説得を試みることは、不毛な作業であり、メディアにできることは、その存在を切り離し、真っ当な人々への悪影響を防ぐことだけだ。

さて、このような〝ノイジーマイノリティ〟（騒々しい少数派）を除けば、ネット空間でも現実には、利用者の大半はリアル社会と同様の〝普通の人々〟だ。

そちらに目を移せば、人々がメディアを介さずメッセージを発信する、その情報革命には、ジャーナリスティックなプラス面もすでに表れている。

一六年春、国内の保育園不足を緊急に解決すべき社会問題として、広く国民に認知させたのは、ひとりの母親による怒りの言葉だった。

「保育園落ちた、日本死ね！！！」。そう題されたブログの心の叫びである。国会質問で民主党・山尾志桜里議員がこれを取り上げても、安倍首相は当初、「本当に起こっていることか確認しようがない」と冷ややかで、与党議員には「女性の文章とは思えない」などと言葉遣いをあげつらう声も聞かれたが、現実の深刻さを熟知する母親の間にブログへの共感はたちどころに広がり、政府も慌てて対応を変えざるを得なかった。

人気作家・百田尚樹が思わぬ炎上に見舞われる出来事もあった。

『永遠のゼロ』をはじめベストセラーを連発する百田は、「沖縄の新聞は潰したほうがいい」という自民党勉強会の発言をはじめ、タカ派的な暴言の数々で知られる人物で、ネトウヨのカリスマ的存在になっている。ネット上では百田を批判した途端、熱狂的親衛隊が大挙して集中攻撃を浴びせかける現象が、しばしば話題にもなってきた。

ベストセラー作家ならではの〝作家タブー〟の特権で、週刊誌の批判も免れてきた人物だが、人気タレント・やしきたかじんが病死する間際に結婚したエピソードを美談にした『殉愛』という作品で、思わぬネットバッシングを受ける事態が勃発した。

膨大な遺産を獲得し、遺族と対立した後妻を一方的に持ち上げた作品の内容が、たかじんファンの憤激に火を点けたのである。

イデオロギー的な政治論争に熱中する人は、現実には少数派で、これを敬遠し近寄らない人のほうが多い。しかし大好きな芸能人の話となれば、黙ってはいられない。そんなノンポリ市民が大挙腰を上げたことで、限られた世界のカリスマであった百田は、火だるまになってしまったのだった。

人気グループ・SMAPの解散騒動でも、既存メディアの芸能報道がジャニーズ事務所への配慮で身動きとれない中、ネット上ではファンの声がタブーを打ち破り、歯に衣着せぬ事務所批判を繰り広げた。

これらの現象は、いわゆる政治的テーマの論争が、いかに広がりを持たないか、という話でもあるのだが、本当の意味で不特定多数の民意が動いたとき、ネット世論は既存メディアも権力もコントロールできない奔流になることを、改めて見せつけたのだった。

「足で書く記事」をどう残すか

紙媒体からネット情報へ。この流れは何よりも、多くのコンテンツが無料で見られる、というネットならではの利点に負う部分が大きい。

しかし、報道というカテゴリーに絞って見た場合、ネット上の経営モデルはまだ暗中模索の状態だ。一定水準の報道をするには、誰かが人と会い、現場を訪ね、レポートを書かなければならない。プロの取材者は当然のことながら、その作業で生計を立てる必要がある。経営する側は、人件費に加えて、記者の移動費や通信費、宿泊費といったコストも負担することになる。紙媒体もさまざまにネット展開を試みてはいるが、広告費を中心とする収益では、なかなか経営は成り立たず、片やネット内のニュースサイトの大半は、情報の二次加工を織り交ぜてお茶を濁している。

過渡期のいまはまだ紙とネット双方の取材活動が入り交じり、かろうじて記事がアウトプットされているが、極端な話、既存の新聞社や通信社、雑誌を発行する出版社がすべて倒産してしまったら、きちんと人と会い、裏を取るような取材記事は消滅してしまうことにもなりかねない。

事実、ネットの台頭に経営を圧迫され、紙媒体の世界では原稿料や取材経費が下がり続けている。電話やメールのやり取りだけで書く記事が急増しているのだ。ネット時代を迎えたジャーナリズム最大の危機は、実はこの点にこそある。

しかし、ジャーナリズムの素人が牛耳るネットの世界では、事態の深刻さが理解されていない。たとえば、少し前に見たあるブログでは、ネットの世界でそれなりに知られているらしいライターが、旧来型の新聞記者の問題点として「コンテンツの生産量の少なさ」を挙げ、新聞社においては「大量生産とリサイクル」を学べない、などと得意げに書き綴っていた。

そもそも「コンテンツ」「生産量」などという言い回しに嫌悪感が湧くし、「リサイクル」という発言には顎が外れるほど驚かされるのだが、この人物の言わんとすることは、もっと大量に記事を書き、どこかから見つけてきた情報を切り貼りして、取材の手抜きをしろ、という話だ。

そのキャリアを見る限り、まともにジャーナリズムの現場を踏んできた人物ではなさそうだが、ネットか紙か、という「器」をめぐる話が、彼の手にかかるといつの間にか、そこに盛る「料理」をチープにしろ、という話になってしまっている。つまりは〝粗製濫造の勧め〟でしかない。

実際にはこの感覚が、ネットジャーナリズムの現実なのだろう。文字通り「大量生産とリサイクル」なのだ。既存メディアの取材者が地道に掘り起こし、書き上げた記事を、無断引用で〝使い回し〟したり〝切り貼り〟したりすれば、事足りると考えている。実際、ネットニュースには、テレビ番組をただ視聴して、要約した記事さえまかり通っている。

素人情報が蔓延するネットの中で、〝プロ〟を標榜する人たちの職業意識までこのありさまでは堪らない。一定の対価を払う紙媒体の情報をレストランの食事とするなら、ネット情報は泥道に落ちている食べ物、と見なさざるを得ない。無料で飢えはしのげるが、食中毒になっても自己責任、という世界である。

二〇一六年十二月、そんなネットサイトのいかがわしさがＤｅＮＡの問題で露呈した。健康情報サイトWELQをはじめ、同社が運営する情報サイトに大量の記事剽窃があることがわかり、同社はいくつものサイトの閉鎖に追い込まれた。波紋は他社にも広がって、「まとめサイト」と呼ばれるネット情報を寄せ集めたサイトが次々と公開停止となった。

しかし、業界関係者が考える対策は、せいぜい著作権法との兼ね合いを精査するくらいだろう。そもそも「まとめサイト」というリライト商売が、邪道以外の何物でもない。それこそ「大量生産とリサイクル」であり、コピー商品のビジネスだ。抜本的な問題解決は、百パーセントのオリジナル記事を作る以外にないのだが、事件はどれほどの教訓を業界に与えたのだろうか。まともな記事を作るには、コストと時間がかかる。まずはその当たり前の前提を、ネット関係者には共有してほしい。

『週刊文春』によれば、WELQの原稿料は二千文字で千円。四百字詰めの原稿用紙に換算すれば、一枚二百円である。テレビの関連報道によれば、ウエブライターの世界では、一枚百円ということも珍しくなく、〝百円ライター〟なる自虐的呼称もあるという。

ひどい話である。

紙の雑誌媒体の場合、原稿料単価は一枚数千円にはなる。それでもライター個々人は食べるのがやっと、専業でも年収三百〜四百万円という人が大半であろう。一日中パソコンにかじりついていられるわけではなく、人と会い、資料を読み、構成も考える。どうしても書ける枚数には限界がある。

WELQで働いたら、二十倍くらいの原稿を書かないと、生活は維持できない。これはもう、逆立ちをしたところで不可能な数字だ。一枚二百円で一万円の日当を得ようと思ったら、五十枚は書かなくてはならない。ただひたすら他人の文章を書き写すだけでもギリギリだ。コピペ（コピーアンドペースト）の誘惑には逆らえないだろう。

それでもメディアの趨勢として紙媒体は衰退し、百円ライターたちのサイトにどんどん取って代わられている。消費者がそれを選択するからだ。ウソでもデマでもパクリでも無料のほうがいい。そう思われているのである。

DeNAの騒動で、ウエブ記事の闇の一端が知れ渡ったことは、初めての業界への警鐘として意味のあることだった。それでも、手間暇をかけた記事に正当な代価を支払って読むようなマーケットがネット上に根づくには、さらなる記事の劣悪化が必要かもしれない。そして、万人が問題に気づく日を待つのである。

果たしてその日まで、真っ当な取材と執筆のノウハウを受け継ぐ人材が残るかどうかが問題だが、人々は一度、本当の焼け野原に立たないと、覚醒には至らないのではないか。私にはそんなふうに思えてならないのだ。

第七章　福島と沖縄の現場から

現場から見えるメディア像

報道陣が溢れかえる現場には、極力近寄らない。

自らが取り組むテーマを決める際、重要な判断基準としてその点を考慮してきたのは、メディアが殺到する総力戦のただ中にフリーが割り込んでも、人海戦術には歯が立たないからだ。〝取材される側〟の落ち着いた対応も期待できなくなる。

同業者が北を目指すなら、自分は南に行く。

そんな原則が崩れ去ったのは六年前。きっかけは、あの東日本大震災だった。

町明かりの消えた漆黒の空間に、そこかしこで立ち上る家々を焼く炎。群衆の悲痛な叫び声の中、町を呑み込んでゆく大津波の濁流。想像を絶する映像を夜通し見続けて、明け方には思いが固まった。曲がりなりにも時代の記録者を自認するひとりとして、この惨事に背を向けることは、あまりにも不道徳なことに思えたのだ。

私はその後約三年半、ほぼ毎月福島に通っては原発事故被災者に会い続けた。その成果をルポルタージュ作品に書き上げた翌一五年からは、なりゆきで足を踏み入れた沖縄での滞在を繰り返すようになった。

自らの職業人生を「震災以後」で切り取れば、この六年半、前半は福島、後半は沖縄と、報道の〝ホットスポット〟に軸足を置くスタンスが常態化している。

二〇一四年の朝日新聞騒動は、福島通いにいったん区切りをつけ、単行本をまとめる作業中に起きたことだった。それ以降のマスメディア全体の動揺は、沖縄へと通う日々の中、リアルタイムに肌で感じてきた。

震災前を振り返れば、新聞をろくに読まない時期もあった。あえて世捨て人のように世俗への無関心を気取っていた節さえある。しかし日々、福島、沖縄と激動する現場に身を置くと、メディアの動向がどうしても、視野に入ってくる。

本章では、改めてジャーナリズムとの距離感を縮めた近年の体験から、昨今のメディアや言論に思うことを取り上げたい。

震災後の自らのフィールドを、はっきりと福島一県に絞ることにしたのは、発災から数カ月経った初夏からであった。

それまでは被災三県を広域に動いていた。初動対応は早く、三月十五日前後には、月刊『文藝春秋』の編集者とともに三陸方面に向かっていた。

偶然にも原発関係者を妻に持つこの編集者は、福島のハイリスクを強く警告されていて、往路では福島に入らぬよう、レンタカーを日本海側に迂回させ、新潟と山形経由で宮城へと向かった。

被災地での滞在は、岩手・宮城両県で約二週間、自治体や医療機関の責任者らに、現状を聞き歩いた。

四月のあたまには、別媒体の取材で福島県浜通りの南相馬市に入った。このときの体験は奇妙なものだった。私が訪ねたのは福島第一原発の半径二十キロから三十キロにかけての地区。「緊急時避難準備区域」に指定されたエリアだ。三陸とは異なり、大手メディアの記者を見かけることはなかった。

居住者がすべて退避した避難区域の外側。人々は自宅での生活継続が可能だと、政府から説明されていた。にもかかわらず、一帯は〝陸の孤島〟になっていた。

支援物資を運ぶトラックの運転手は現地入りを嫌がり、商店の棚からは食料品が消え去った。ガソリンの欠乏も解消されずにいて、自家用車での買い出しもままならなかった。

そのうえにこのエリアは、報道機関にも見放されたのだ。大半のメディアは自社記者の区域立ち入りを禁じていた。

私のルポ企画提案は、即座にＯＫをもらったが、担当の編集者は妙なことを言い出した。現地取材はあくまでも、編集部のあずかり知らぬところで〝決行〟され、事後的に筆者が原稿を持ち込んだ。そんな形にしてほしい、というのである。私がまだ出発前、東京にいた時点での話だ。

何のことはない、〝万が一〟に備えた媒体の責任回避だった。社員記者も行かせない以上、そうしないと辻褄が合わないのだという。

自己責任で結構。こちらは初めからそのつもりでいた。それでも、ここまであからさまな態度には興醒めした。そもそも「三十キロエリア内に自社記者を入らせない」という主要メディア横並びの判断そのものが、私には恥ずべきものに映っていた。

そこには何万人もの住民が暮らしていた。メディアがもし、危険だと思うなら、人々を退避させるよう公に主張すべきだし、政府の判断を妥当だとするのなら、記者を入らせない理由は存在しなかった。

この醜悪なダブルスタンダードには、南相馬市長・桜井勝延も繰り返し、怒りを口にした。テレビ局が紛争地で、フリーのビデオジャーナリストを使うのにも似た話だが、今回のケースでは住民の安全が建前上保証された土地なのに、自社取材を放棄した点で、判断は何倍にも罪深いものだった。

短歌から迫った福島

その次の雑誌企画は、岩手から改めて三県を南下して、各地にいる短歌愛好者を訪ね歩くものだった。

私自身は取り立てて、短歌に詳しいわけではない。ただ、その直前まで手がけていた仕事が、横浜の「ホームレス歌人」を追うルポルタージュだったため、浮上したプランだった。技術的な水準はどうあれ、日々短歌を詠む人が、極限状態に置かれて紡ぎ出す言葉には、通り一遍のインタビューのコメントより、はるかに奥深い説得力がある。そのことを私は、横浜の仕事から学んでいた。

そして震災発生後、四つ目の雑誌仕事で、私は福島県大熊町からいわき市へと避難したローカル歌人の人物ドキュメントを手がけることになった。

《いつ爆ぜむ青白き光を深く秘め原子炉六基の白亜列なる》

震災の数年前、まるで今回の事故を予言するような歌を詠んでいた佐藤祐禎という人物であった。

生まれ育った大熊で農業を営みつつ、原発で変わりゆく故郷を詠んできた佐藤は、短歌の世界でしか原発への疑念を示さずにいた自身を、「なまくらの反原発だった」と自嘲するように語った。原発マネーで成り立っていた大熊で、実生活においても反原発の立場をとることが、いかに困難なことだったか。その率直な言葉は、原発と地域社会との抜き差しならぬ関係をよりリアルに示すものとして、私には聞こえた。

佐藤との対話を積み重ねる中で、私は大熊という〝原発の町〟に絞り込み、一種の定点観測として、「原発事故と住民」を考えたいと思うようになった。

広く東北三県に広がる未曽有の災害を、ひとりのフリーランサーがどうすれば記録に残せるか。私はそのことを考え続けてきた。

圧倒的なマンパワーと機動力を持つ報道機関が総力を挙げ、取り組んでいる大テーマを、部分的に〝つまみ食い〟する形で報じてみたところで、意味のある仕事にはまずならない。大手メディアとは異なるアプローチを考える必要があった。

その結果、たどり着いたのが、限られたエリアに通い続けることだった。

もともと三陸の津波被害と福島の原発被害とでは、性質が異なった。直接的被害は前者が甚大だが、後者はずるずるとあとを引く苦しみが続いてゆく。私が思い浮かべたのは、東京大空襲とヒロシマ・ナガサキの被害の違いだった。

大熊町役場の一職員がふと漏らした言葉が印象に残っている。

「三陸の場合は悲しみの中からも復興が始まりつつありますが、自分たちはいつまでも〝ナマ殺し状態〟です。復興のスタートラインにさえ立つことができません」

もうひとつ、私の関心の奥底にあったのは、東北という地域性だった。過去半世紀、原発マネーに翻弄されてきた大熊町の歩みそれ自体、県内で最も貧しい寒村だったゆえに始まったものだった。

新聞記者として秋田にいた時代から、「中央と地方」のアンバランスな関係に不条理を感じてきた私は、東北の疎外という問題をいつの日か深く掘り下げたい、と願い続けていた。大熊町に特化した今回の取り組みは、まさにその作業だと感じたのだ。

いま思えば事故直後、福島に殺到した取材者の中で、私の視点は異質だったろう。いわゆる「原発問題」を正面から論じる気はなかった。何よりも、そのための基礎知識を持ち合わせていなかった。それよりも、この土地に代々根づき、生きてきた人々が、いったいなぜ今日の状況を迎え、これからの日々をどう送ってゆくのか。住民の目線でそれを追うことに、自分に果たし得る役割があると考えた。

本書の内容に関連づけて言えば、主義主張を唱えるより、自らの目で実相を確かめたい。私はやはり、そう思うタイプだった。

誰かを糾弾したり、耳目を引くニュースを見つけたりするためではない。人々はどのような思いで原発の町を造り、そこに暮らし、このような惨事と直面して何を思うのか。そのことを愚直に聞いて歩きたい。そんなシンプルな動機で、私は福島に通い始めたのだった。

フェイクニュースが乱れ飛んだ原発事故報道

原発政策への賛否を問われれば、私は反原発である。この暴れ馬のようなエネルギーを本当に制御し得る水準に、私たちの文明は到達しているのか。私は猜疑心を抱き続けている。しかしそれは、事故以来の専門家、科学ジャーナリストによる報道や解説を見聞きする中で形作られたイメージでしかなかった。

たとえば原発を建設し、維持してきた中で、地元自治体や政界に流された膨大な地域対策費、あるいはメディアへの巨額の広告宣伝費、大熊町の歌人・佐藤祐禎が語っていた大っぴらに反原発を語れない〝コミュニティーの空気〟……。

私のような素人にしてみれば、専門的な技術論以上に原発にまつわる〝怪しげな周辺の話題〟の数々こそ、より強く、よりリアルに、技術への疑念をかき立てるものだった。

ここまで巨額のカネを積み、労力を費やして、あからさまな世論誘導をしてきたのは、そこに何かしら、後ろ暗い裏事情があるからではないか。素直に考えれば、多くの人々がそう感じると思う。

しかし科学技術的なこと、医学的なことにあまりに無知なまま、不確かな情報を発信することは到底許されない。主張するからには、充分な基礎知識のもとに積み重ねたファクトが必要だ。

私はそう考え、人々の暮らしと心情に寄り添う取り組みを選択した。

異なるスタンスをとる同業者も数多くいた。少なくとも事故から二、三年、ネットには、どう見ても半可通にしか見えない〝ジャーナリスト〟による怪情報が飛び交った。しかもその言説は少なからぬ人々の支持を集めていた。内容は総じて、事故による放射線のリスクを、明確な根拠なくセンセーショナルに訴えるものだった。

マスコミが隠蔽する真実——。

ネットに蔓延する物言いには、歴史認識論争で日本軍の加害責任を否定するネトウヨの論法にも通じるものがあった。しかし、そこに共感する人々は、イデオロギー的にはネトウヨとは真逆の立ち位置にいた。

私にはそのどちらもが、根拠薄弱な話を盲信し、激烈な言葉で論敵を糾弾・排斥する集団に感じられた。

あからさまなデマも目についた。たとえばマスメディアは放射線の拡散や原子炉のメルトダウンを伝えず、虚偽の安全情報ばかり意図的に流した、と主張するジャーナリストがいた。事故直後の新聞を読み返せば、立ちどころに事実ではないことが確認できることだったが、ネットにはこの人物が吹聴する〝真実〟を称える声が溢れていた。

その主張によれば、マスメディアは政府や東電と結託して国民を騙しており、汚染は公表されている数値よりはるかに甚大だ、という。薄っぺらな陰謀論だった。

このときの状況に関しては事故翌年、朝日新聞記者・奥山俊宏が『Journalism』誌に書いた検証記事に詳しい。奥山は東大工学部で原子物理学を学んだ社会部の調査報道記者である。上下二回にわたって掲載したこの記事では、事故直後のメディア報道を検証したうえで、こうしたフリー記者による〝煽り記事〟の悪質さを暴いている。

低線量被曝をめぐる論争も目についた。私は判断を保留した。根拠となる医学的データがない以上、時間の経過による推移を見守るしか判断の決め手はない、と感じていた。

子供たちの高率の甲状腺がん発生について、「事故の直接的影響ではない」とする公式発表を盲信するわけではなかったが、かと言ってこれを「過小評価」「事実の隠蔽」と決めつける材料もなかった。

ネットには、奇形児の発生など信じがたい情報が流れたり、北関東の農業生産者を「殺人者」と罵倒したりする言辞まで見られた。たとえ過剰反応でも手遅れになるよりはましだ。そんなロジックが、こうした人々の〝錦の御旗〟になっていた。彼らは、より大規模な避難を唱え続けていた。

私には同意できなかった。

もちろん根拠があればそうすべきだが、避難することで生じる別種のリスクもある。判断は両リスクの比較検討のうえに、行われるべきだと考えた。〝過剰反応でもいい〟とする論者には、〝土地に根差した生活〟への洞察があまりにも欠けているように、私には思えた。

私自身、祖父母の代に土着性を失った都市生活者だし、戦後、人口の都市移動に伴って風化しつつある感覚かもしれない。それでも、東北のような地方には、土地や共同体とのつながりに自らの拠り所を感じてきた人がまだ少なからずいる。

実際、高齢の被災者には、故郷と引き離され、体調を崩す人が多かった。大熊町の場合、津波などによる直接の震災犠牲者は十一人だったが、避難による体調悪化を主な理由とする関連死は百二十人に及んだ。「念のための避難」は、時に命取りにもなってしまうのだ。

会津若松市といわき市を中心に、大熊の避難民を訪ね続けた私は、不慣れな土地で居室に引きこもり、弱ってゆく高齢者を実際、何人も目にしていた。

そもそも土着性を考慮せずに済むのなら、国内のほとんどの地域問題は解決する。過疎であれ公害であれ、異常気象であれ、すべての対策費を住民の引っ越し費用に充て、無人の地にしてしまえばいいからだ。そうはいかないから、各地域は悩みを抱えている。

移民問題をはじめ、私は人口の移動と定着、つまり土地と暮らしというテーマに関心を持ち続けてきた。その一環として、東北や福島にも目を向けた。それだけに、やみくもな広域避難論に対しては、リアリティーを感じられなかった。

もちろん、この大惨事をもたらした東電や政府の責任、それを曖昧にした原発再稼働の動きには義憤を覚えるが、私は原発事故をめぐるネット論争を見る中で、〝信じたいことを信じる人〟はイデオロギーにかかわりなく存在することを痛感したのだった。

常軌を逸した〝反沖縄〟宣伝

沖縄問題をめぐる狂信的右派の言辞は、さらにひどく、目も当てられない状況だ。沖縄県民の絶望がここまで深まった背景には、政府の強圧的基地政策ばかりでなく、それと連動したネトウヨのヘイトデマ、そして本土多数派の冷淡な姿勢がある。

一部右派メディアのスタンスは、もはや報道とは呼び得ない沖縄への誹謗中傷になってしまっている。

遠い新聞記者時代にほんの少し触れただけの沖縄問題に、私がのめり込むようになったのは、ヤクザ映画の名優・菅原文太の死がきっかけであった。

二〇一四年十一月一日、俳優業を引退して久しい菅原は、病の身を引きずって沖縄県知事選に駆けつけ、現職の仲井眞弘多に挑戦する那覇市長・翁長雄志の決起集会で渾身の応援演説をした。そしてこの大舞台を最後にこの月末、静かに息を引き取った。

この訃報を受け、私は年明けから『週刊朝日』で菅原晩年の足跡を追う短期集中連載を手がけることになった。実に十九年ぶりとなる沖縄入りを果たしたのは、その最終回の取材のためだった。

一九九〇年代の印象のまま、止まっていた沖縄問題への認識は、まるで時代遅れになってしまっていた。私はこの旅でそれを痛感した。

現地では歴史的な地殻変動が起きていた。その象徴が、新知事・翁長の誕生であった。自民党沖縄県連の幹事長まで務めた「ミスター沖縄保守」の政治家が、米海兵隊・普天間飛行場の辺野古移設に反対し、知事として真っ向から政権と対峙している。戦後七十年、存在しなかった構図が現地に生まれていた。

いったいなぜ、このような事態になったのか。私の浅薄な知識では説明のつかないことだった。わからなければ、掘り下げる。それが私の流儀である。いや、取材者なら本来、全員がそうだろう。

沖縄県民は左翼的・反日的な沖縄二紙に騙されて、洗脳されている――。百田尚樹のような適当な決めつけで片づけることは論外だ。まずは現地を歩き、実相に触れる。私はそのために一年の半分を沖縄で過ごし、都合二年の歳月を費やした。

その見聞はルポ記事として断続的に『週刊朝日』に連載し、さらなる加筆をして二〇一七年の春、単行本『国権と島と涙』を出版した。

そのうえで自信を持って言えるのだが、ネット上の沖縄バッシングはそのほとんどが、悪意あるデマと事実誤認ばかりである。

遠隔の地にあるせいか、沖縄は「ポスト真実」や「フェイクニュース」のショーケースになってしまっている。本土では見たことのない異常な光景だ。

現地のデマ発信源は、在特会（在日特権を許さない市民の会）のような差別集団とも接点を持つ複数のグループで、いくつかのカルト宗教も絡んでいる。本土から転住した〝活動家〟もいる。認知されている顔ぶれは数十人に留まるが、産経新聞や本土の一部右派雑誌は、限られたこのメンバーを繰り返し記事に取り上げて、あたかも一定の比率を持つ現地世論のように報じ続けている。

昨年来、ヘイト報道として問題化しているTOKYO MXテレビの「ニュース女子」の沖縄特集も同じだ。取材された〝沖縄県民〟は、名を知られたネトウヨ活動家ばかりだ。翁長知事の支持層はおろか、ごく普通の自民党支持者すら出てこない。これらネトウヨグループは、一般的自民党支持層とはまるで異質な存在だ。

那覇にいれば彼らの活動は日常的に目に入る。

たとえば、日章旗と星条旗を立て、大音量でほぼ毎日、翁長批判の録音テープを流し市内を走行する小型車がある。

安田浩一『沖縄の新聞は本当に「偏向」しているのか』によれば、この運転手は滋賀県からの転入者で、ヘイトスピーチで知られる「行動する保守」の活動家だったことを認めている。小型車での宣伝活動は「沖縄なら目立つことができる」と思い立ったことだという。

那覇市役所前でも、「翁長は中国に操られている」などと街頭演説をする数人のグループを見かける。近くには、国際通りを観光する中国人団体旅行客がバスを乗り降りする場所がある。「習近平打倒」などと大書した看板を見て、カメラを手に接近する中国人がいれば、罵声を浴びせながら追い回し、動画をネットにアップする。

私の知る地元年配者は、何人かの仲間で基地反対の街頭演説をした際に、「仲間に入れてほしい」と現れた男がいて、マイクを手渡したという。すると男はおもむろに中国語らしき言葉で演説の真似ごとをし、何者かがこれを撮影して「中国に操られた反基地運動の証拠」として動画がネットに流されてしまった。

さらに馬鹿馬鹿しく、「中国共産党外交部」と大書した車に乗り、人民服姿で翁長を〝褒め殺し〟するネトウヨ活動家もいたらしい。

常軌を逸した一連の活動は、政治運動とは到底呼べるものではなく、徹頭徹尾沖縄の反基地世論への嫌がらせでしかない。

かと思えば、本来はこれら勢力と親しい産経新聞が、独自行動をとり内輪揉めになったこともあるようだ。

保守分裂選挙になりかけた名護市長選の直前、一三年秋から暮れのことである。平井康嗣・野中大樹『国防政策が生んだ沖縄基地マフィア』にこの事情は詳しい。

辺野古新基地への反対を掲げる現職への対抗馬に名乗りを上げたのは、前市長・島袋吉和と自民党県議の末松文信。両者は一日違いで立候補を表明し、右派色の強い島袋の出馬会見には《統一教会系の『世界日報』、ネットテレビ「チャンネル桜」、日本最大の保守系団体の日本会議、幸福の科学の政治団体・幸福実現党など》のメディア、メンバーが詰めかけたという。

しかし、産経は自民党本部や県連が推す末松への一本化を促す記事を書き続けた。もともと島袋は産経と近しく、「沖縄『正論』友の会」の設立にもかかわった人物だっただけに、島袋側近は反発して、「産経新聞は政府のイヌだろうか」と怒りを露わにしたという。

またこの本によれば、沖縄の日本会議関係者のもとに当時、「日本会議中央」の役員から「(島袋を推すな、という) 自民党と『産経新聞』の圧力がものすごい」というメールも届いたようである。

時にカルト的ネトウヨグループを利用して、時に自民党と連動してこれを制御しようとする。沖縄での産経の暗躍は、まるで情報機関さながらである。

片や産経が批判する沖縄二紙のスタンスは、確かに明確な「反基地」だが、報道機関としての正道を踏み外してはいない。

たとえば、一六年末、翁長知事の右腕・安慶田光男副知事による教員採用の口利き疑惑を暴き、その退任のきっかけをつくったのは地元紙のスクープだし、高江のヘリパッド問題で、地元住民から抗議運動に苦情が出始めたことも地元紙が最初に記事にした。

自らの論調を弱めるファクトでも、主体的にそれを報じている。その点が産経とはまるで違っている。

ネットや一部メディアを舞台とする反沖縄の策動は、かくも常軌を逸したカオスを生み出している。

極小勢力のカルト右派

これら異様な反・反基地プロパガンダは、本土でのネット世論に多大な悪影響を与えているものの、その発信源の現地グループは、何の歴史的背景もない小集団にすぎない。私自身、刊行したルポルタージュでは、デマに釘を刺す最小限の言及をするに留めている。沖縄問題の本質を理解するうえで、何ら意味を持つ存在ではないからだ。

二〇一四年一月の名護市長選に向けた対立にも見て取れたように、現地自民党支持層の大勢とカルト右派は基本的に別個の存在だ。沖縄世論の一角を占める辺野古容認派と呼び得るのは前者だけである。各種選挙で常に二〇〜三〇パーセントの支持率を保ち、もともと翁長もこの勢力に属していた。

オスプレイと辺野古の問題では一三年秋、安倍政権による圧力に屈するまで、自民党県連も「オール沖縄」の一員として、革新と足並みを揃えていた。

現地を歩き続けた私の実感では、翁長支持層と不支持層の割合は、選挙結果などから見て、概ね六対四。この四割の大半は、カルト右派とは異なり、消極的容認派、あきらめ派と呼ぶべき人たちだ。政府に抗ったところで勝ち目はない。国との敵対関係はまずい。そういった考えから翁長に異を唱える。翁長は沖縄を中国の植民地に捧げようとしている。そんな馬鹿げた説を掲げる狂信者たちではない。本来、基地を望まない点では、翁長支持層と重なり合っている。だからこそ辺野古問題の世論調査では、自民支持層を含め、時に八割以上の人々が「反対」の意思表示をするのである。

翁長不支持層の一部にいる積極的基地賛成派も、その多くは軍用地主など、基地の存在から経済的利益を受ける人たちで、狂信者たちではない。

にもかかわらず、本土右派メディアの手にかかると、翁長県政と対立する最大勢力の自民党支持層の存在は無視されてしまう。そして、カルト右派の虚像が拡大されるのだ。

沖縄でも、若い世代にはネットデマの影響が出始めていて、自民党の政治家にもカルト右派に近づく動きが見られるが、あくまでも局所的な話だ。

沖縄問題の根本は、七〇パーセントもの基地偏在の不公平であり、その中でも翁長県政の主張は、辺野古とオスプレイに絞られている。

しかしカルト右派の議論は、そうした本質論には立ち入らない。

彼らの目的は、あくまで嫌がらせにあるからだ。主な標的は、辺野古や高江で座り込みをする人々。「テロリスト」「極左暴力集団」などとレッテルを貼り、「県外の活動家が中心」「参加者には日当が出る」と触れ回る。

何十回と現地を見たうえで言えば、その主張のほとんどはデマである。高江には一六年八月、全国ニュースとなった影響で、県外からの抗議参加者が急増した一時期があったが、その一週間ほどを除けば、高江・辺野古とも県外参加者の比率は一〜二割。現場では毎回、参加者にマイクが回されて、その比率が見て取れる。

日当の話も、現場では一切見聞きしない。万が一、極秘の報酬が存在したところで、圧倒的多数が知り得なければ、〝カネ目当ての参加者〟など集まるはずもない。

何よりも知事選で三十数万票を投じた全翁長支持層を分母にしてみれば、辺野古の座り込み参加者は平時で約〇・一パーセント。節目の集会でも一パーセント程度にすぎない。抗議者の一部に、機動隊への暴言を吐いたり、公務執行妨害で逮捕されたりする人がいたところで、それだけの話である。基地負担の不平等に抗う県民世論の九九パーセントには無関係な話だ。

現地で多少なりとも実情を調べれば、ネット情報のデタラメさはすぐわかるが、「信じたいことだけを信じる人たち」は、現実を直視しない。いや、彼らネトウヨの多くは、沖縄の現実など初めから知りたくもないのかもしれない。彼らにとって、沖縄問題は嫌韓嫌中や反朝日同様、嫌がらせという娯楽の対象でしかないようにも思える。

たとえば一六年十二月、沖縄問題でこんなネット記事に注目が集まった。「オスプレイ事故でデマ、『朝日新聞が意図的な誤訳』にソースはなし　米軍司令官『感謝されるべき』発言」（「バズフィード・ジャパン」）。名護市でのオスプレイ墜落事故の際、「住宅や人間に被害を与えなかった。感謝されるべきだ」と語った米軍幹部発言の関連報道である。

記事によれば、「朝日新聞による意図的な誤訳だ」というツイッター情報が一時拡散したものの、米軍側の発言は沖縄県副知事が自らへの言葉として囲み取材で明かしたものであり、記者たちは初めから日本語訳として取材した。ツイッター発信者も指摘を受け、想像で広めた〝朝日誤訳説〟について非を認め、謝罪・撤回した。

つまりネット記事は「ツイッター情報はデマだった」という話だったのだが、この記事のコメント欄には信じられない反応が殺到した。

《慰安婦の時からそうじゃん。自分たちに都合のいいように報道するのが朝日》

《朝日ならやりかねない》

《今更始まったことじゃない》

記事の内容とは正反対、「朝日が誤訳してデマ記事を書いた」と意味を取り違えた書き込みが続いたのだ。千件を超えるコメントの約九割がそうだった。

この程度の日本語もまともに読み解けない。それともわかっていて集団的に印象操作をしているのか。いずれにせよ、その底知れぬ〝程度の低さ〟に愕然とする。

沖縄県民の深い苦しみと歴史的闘いが、こんな連中に娯楽として〝消費〟されている。やり場のない怒りとともに、意思疎通への絶望を感じざるを得ない。

真の論点は本土のあり方

繰り返すが、私が沖縄に通った理由はただひとつ、沖縄の現状を理解するためだ。わからないから調べ、聞き歩く。長い歴史の末の問題であり、二年の歳月を費やしたが、その過程で目に入るカルト右派のことなど、できれば無視したかった。

一定の比率を占める辺野古基地容認派、あきらめ派の存在は違う。沖縄世論の重要な一部であり、無視してはならないファクトである。

翁長を支持する多数派と、不支持の少数派（カルト右派以外の人々）。果たして両勢力の力関係はどうなってゆくのか。その点は、沖縄の人たちが考えることであり、外部の人間が口を挟むのは、筋違いである。

本土の人間は、安保に賛成でも反対でも、現実問題として沖縄に七割もの基地負担を押しつけている。問われていることは、その事実をなぜ直視しないのか、ということだ。沖縄を称えたり非難したりすることより、自分たち自身の問題として、米軍基地問題をどうするのか、ということだ。

翁長支持、不支持どちらの県民も、本土との不平等は感じている。そのほとんどが、本土のアクションを求めている。

大阪や福岡を皮切りに、米軍基地を本土に引き取る問題提起をする市民運動も現れている。しかし、メディアの論調は、朝日新聞をはじめ〝対話による解決〟を訴えるだけだ。本土移設には予定地での新たな反対が避けられないからだろう。では結局、本土はこれからも沖縄に負担を強い続けるのか。

反対を押し切って強制力を使ってでも新基地を建設する。沖縄で行われていることが、なぜ本土ではだめなのか。ここにこそ、問題の本質がある。沖縄差別という認識が広がっているのは、そのためである。

保革対立でイメージされてきた沖縄の米軍基地問題は、実は七十年を超す沖縄ナショナリズムの葛藤ではなかったか。「知ること」に軸足を置く私のルポルタージュでは、そんな視点から沖縄問題を掘り下げた。

米軍統治時代の沖縄では保守こそが沖縄ナショナリズムの担い手であり、だからこそ、彼らは本土復帰に消極的だった。一部独立論者さえ保守にはいた。地域ナショナリズムに固執せず、本土との一体化を訴えたのは、のちに「革新」と分類される人たちであった。

本土復帰以後、革新は復帰の現実に失望し、保守は沖縄ナショナリズムの主張をやめ、双方の立ち位置は入れ替わった。しかし冷戦崩壊後、その境界は曖昧になり、歴史的帰結として翁長知事が誕生した。

沖縄問題はこのように、ネトウヨの浅薄な「愛国」「反日」という分類では、到底割り切れない軌跡をたどってきた。

にもかかわらず、政権は現地の葛藤を無視している。本土メディアはまだ、本質的論点を国民に届けられていない。

終　章　薄日が差し始めた中で

〝萎縮〟は底を打ったのか

あとになってみると、いささか滑稽だが、あのときの私は確かに、緊張から息苦しさを覚えていた。森友学園問題で籠池泰典・理事長が国会の証人喚問に立つというニュースを知ったときのことだ。

この人は本当に真っ向から政権に盾突くつもりなのか。与党自民党が喚問を認める以上、さまざまな〝奥の手〟が用意されているのではないか。証人喚問では偽証罪を問うこともできる。国家権力がその気になれば、ひとりの人間を社会的に葬り去ることなど、さほど難しいことではないだろう……。

本人も政官の闇を告発する以上、相応の刑事罰は覚悟しているはずだ。そうは思ったが、そのときの私に浮かんだのは、より残虐な〝報復〟の可能性だった。半世紀前の外務省機密漏洩事件で、毎日新聞記者が女性問題の汚名に苦しめられたように、何らかの陰湿な罠が仕組まれているのではないか。そんな黒々とした予感が渦巻いたのだった。

朝日新聞騒動からわずか二年半。私はいつの間にか、政権に物申すことに、それほどの緊張を覚える〝忖度社会の感覚〟に取り込まれてしまっていた。

いや実際、一連の森友・加計学園問題の政府対応で、答弁に立つ官僚や大臣らはその後も痛々しいほどに、見え透いた口裏合わせを強いられた。物言えぬ空気は間違いなく、政官界に重く立ち込めていた。

籠池理事長はその点、規格外れの人だった。驚異的なほど天真爛漫な性格で、どろどろした周囲の思惑にたじろぐ繊細さは持ち合わせていない。その堂々たる〝ＫＹな（空気を読まない）〟立ち居振る舞いは、水面下で硬軟のシグナルを送っていたであろう政権側の狙いを粉砕してしまった。

政権の姿勢やネット世論の幻影に無言の圧を感じ取り、自縄自縛になっていたメディアの萎縮状態は、この小さな風穴から少しずつ解け始めたように感じる。

二〇一四年夏からのメディア危機は、一七年前半、森友・加計学園問題を契機として、過去最悪の〝萎縮時代〟を脱することができたのか。それとも政権側はいずれ態勢を立て直し、再び締めつけの反攻を仕掛けるのか。展開はまだ予断を許さないが、いわゆるこの〝もり・かけ問題〟を境として、メディアと権力との関係に、ようやく過去二年半の状況とは異なる局面が訪れたことは間違いない。

私の感覚から言えば、一四年終盤から一五年にかけてのメディアの動揺は、目を覆わんばかりだった。とくに朝日新聞やＮＨＫ。ＮＨＫの場合、ドキュメンタリーとデイリーニュースの立ち位置は別会社のようにかけ離れてしまい、ニュース原稿における政権への〝おもねり〟は一七年前半の段階でも、未だ〝正常化〟にはほど遠い。

客観報道の体をとりながら、政府側の主張を過剰なほど個々の原稿に盛り込むのだ。

私自身もかかわってきた沖縄の問題では、あからさまにそれが見て取れた。

たとえば、一六年に全国ニュースに浮上した東村高江地区のヘリパッド問題。沖縄県内最大の面積を持つ米軍北部訓練場の過半を返還する代わりに、高江集落を取り囲むように新規ヘリパッド六基を建設する。地元の強い反発を押し切って、政府は全国の機動隊を大量動員し、この事業を一気に強行した。

訓練場の部分返還は二十年前の日米合意で決まっていたことだ。地元の反対があれほど膨れ上がったのは、その後〝後出しジャンケン〟のように、高江地区周辺への負担集中やオスプレイ導入が明かされたためだった。

米軍の資料では、訓練場の返還はあくまでも「使えない部分」を返すもので、一連の事業は米軍側にメリットの大きい「機能強化」であることが明言されている。地元紙はそう報じている。

しかし、高江問題のＮＨＫ報道では、どんなに短いニュースでもその冒頭、「面積の過半が返還される北部訓練場の問題で」という〝県民側メリット〟が枕詞として言及され、「にもかかわらずヘリパッド建設に反対する人々」の話が伝えられたのだ。住民側の怒りの根底にある〝後出しジャンケン〟にまつわる説明は、しばしば省かれたにもかかわらず。

沖縄での〝中央メディア〟への不信は、それ以前から広がっていた。翁長雄志知事は着任からしばらく、東京や地元での会見中、苛立ちを露わにすることがままあった。もしかしたら、全国メディアの記者たちは、その理由さえ理解しなかったかもしれない。

前知事による辺野古埋め立て承認の取り消しや行政訴訟という国との闘いの手続き論ばかり記者たちは質問した。司法の独立が疑わしいこの国の現実から、闘いの見通しは当初から沖縄県に不利に思えたし、事実、承認取り消しをめぐる訴訟は一六年十二月、最高裁で県敗訴が確定した。

しかし、県はいったいどうするのか、というプロセスの質問ばかりする記者たちのスタンスは、正直、私にさえ苛立たしく思えた。彼らは一個人として自分の立ち位置を考えたことが果たしてあるのかと。

沖縄の基地問題の本質は、たとえるなら小学校のいじめである。同級生七割のランドセルを、ひとりの児童が背負わされている。記者会見場でマイクを突きつける本土の記者一人ひとりが背負うべきランドセルも、翁長知事の背中に乗っている。しかし、そんな自らと相手との関係に、会見場の質問者はまるで気づかないようなのだ。

あたかも第三者、他人事のように〝イジメ脱却〟の見通しや戦術論を問い質す。中には、なぜそこまで抗うのか、と尋ねる者までいる。この悪い冗談のようなやり取りは、沖縄の人々の目に果たしてどう映るか。そのことをまるで気にせずにいられる記者たちの神経が、私には未だよくわからずにいる。

翁長知事は、このいびつな構造を何とか理解してもらおうと繰り返し訴えているのに、その言葉は目の前にいる相手にすら届いていないのだ。絶望や苛立ちを覚えるのも当然のことだった。人口比で一パーセントにしかならない沖縄の主張は、本土の理解なくしては、多数決での勝ち目はない。だからこそ、沖縄の過重負担は延々と続いてきたのである。「あまりにも不公平ではないか」という沖縄からの問いかけには、圧倒的な大義がある。

「本土への負担拡散は困難」という政府側の立場は、あくまでも本土での反対世論を前提とした技術論である。一県にのみ過剰負担を強いる理由にはなり得ない。にもかかわらず、大半のメディアは政府と沖縄の言い分を〝足して二で割る〟ような〝客観報道〟から踏み出そうとしない。

印象的な光景があった。

夜明けとともに本土機動隊の大挙〝来襲〟が予告されていた一六年七月の未明、高江の訓練場ゲート前にはそれを阻もうと座り込む数百人の人たちが各地から集まった。平均年齢は六十歳以上。約半数は女性だ。暗闇で腕を組んで座り込み、抵抗歌を歌う集団には、迫りくる〝制圧〟への恐怖と緊張が痛いほど見て取れた。

高江問題が全国ニュースになる前夜のこと。その場にいる圧倒的多数は沖縄県民である。

「おーい、ちゃんと報道してくれよ」

座り込みの中から、報道陣へのそんな注文が響き、立て続けに合いの手が飛んだ。

「とくにＮＨＫ！」

一斉に笑い声が上がった。もはや多くの人々に、ＮＨＫ報道の変質は認識されていた。だからこそ、皮肉を込めた合いの手が一瞬にして理解されたのだ。

「産経新聞も！」

ふたつ目の合いの手に、笑い声はなかった。「産経はいいよ」と白けた声が続いた。ふたつ目のブラックジョークは、完全に〝滑る〟結果に終わった。

その後も何度となく現地には通ったが、参集する人々との雑談で、朝日や読売の報道は話題にも上らない。東京新聞への期待は、ごく稀に聞かれた。彼らの念頭にあるメディアは圧倒的に現地の二紙だった。

沖縄の人々は驚くほど的確に、各媒体のスタンスをつかんでいる。私にはそんなふうに思えたのだった。

〝メディア抜き〟の新潮流

朝日騒動翌年の二〇一五年夏、国会での安保法制をめぐる審議は、それこそ何十年ぶりに、広範な人々によるデモを連日引き起こした。

しかし朝日新聞は当初、その動きをためらいがちに後追いするだけだった。

その少し前、ヘイトスピーチ法案が可決したときの紙面が印象的だった。二面に大きく特集された記事は、驚くほど〝平等〟に分割され、法案成立の意義を強調する部分と〝表現の自由〟が損なわれる懸念とを、ほぼ同じ行数で書いていた。

〝表現の自由派〟の中には、当のヘイト団体やそのシンパもいる。あるいは現場レベルの差別の深刻さを理解していない人たちも数多くいるだろう。

新法への懸念も取り上げる。それ自体はいい。だが、ここまで大きく法規制批判派の主張を取り上げてしまえば、〝差別する自由〟と〝差別規制の必要性〟を同等のものとして、判断を停止した記事にしか映らない。差別煽動が蔓延する現状の危うさは、そんな暢気な認識を許す段階ではなくなっている。

それに比べると、ネット上で何度か目を通した神奈川新聞の〝闘う姿勢〟には感服した。「偏っていますが、何か?」。在日コリアンへのヘイトスピーチが横行する川崎市の現場を抱えつつ、問題に正面から取り組んでいる石橋学記者は、〝ヘイト擁護派〟による批判を明確に退けて堂々とそんな見出しで論陣を張った。

《「それが仕事ですから」としか答えようがない。権力批判はジャーナリズムの役割の一つだからだ。それは先の大戦で新聞が軍部や政権の片棒を担ぎ、非道で無謀な侵略と戦争を正当化し、美化した反省に基づくものでもある》

沖縄は沖縄で、琉球新報と沖縄タイムスが果敢に国策に異を唱え続けている。沖縄問題での節目節目の論調では、全国紙より本土の各地方紙のほうがはるかに踏み込んで、社説で政府の沖縄政策を批判している。

それでも、これらはあくまでも〝局地戦〟に留まる奮闘で、この二〇一五年、大手メディアはほぼ例外なく、〝牙を抜かれた状態〟になってしまっていた。

このようなメディア状況にもかかわらず、この年には、国政に異を唱える大衆運動が近年になく、路上に溢れ出す現象が生まれた。右派が常々主張する〝偏向メディアの煽動〟はガッチリと抑え込まれているのに、その潮流は自然発生的に広がった。全国紙やテレビは恐々と、その現象を後追いしただけだった。

ひとりの母親のブログから火が点いた保育園不足への怒り、ヘイトデモの横行に対抗するカウンターの広がり、そしてSEALDsの若者に象徴される反安保法制の運動の高まりなど、この間に起きた社会潮流は、口コミやSNSによって広がって、国政を揺り動かすまでの力になったのだ。

大手メディアから政権と対峙する姿勢が失われてゆく中で、これまでにない回路で人々の政治意識がつながった。ジャーナリズムの末端に連なる者として、このような光景には複雑な思いを禁じ得ないのだが、一方で戦後七十年、この国に根を下ろした民主的世論の底力を改めて確認し、ささやかな安堵を覚えたのも事実だった。

大局的な観点で見れば、世論の分水嶺はこの年にあったように思う。ネトウヨ的な層は未だ一定の規模で存在するものの、その勢力拡大には歯止めがかかった観がある。

ネット上では圧倒的多数に見えるネトウヨ論者たちがいざ、「安保法制推進」の街頭デモを試みても、集まるのはせいぜい百人、二百人。万単位で集まるリベラルな群衆とは比べものにならなかった。ヘイトデモの現場でも、カウンターに集まる人数は、デモ参加者を常に上回るようになっていた。

大手メディアの〝自主規制〟、奥歯にものの挟まったような報道は、翌一六年もその傾向が続いたが、たったひとつ『週刊文春』だけは芸能ニュースを中心に、スキャンダル報道でスクープを連発した。時には、甘利明経済財政政策担当相（当時）による都市再生機構への口利きなど、政府要人の疑惑にも切り込んで、「文春砲」と異名を取るほどに、ひとり気を吐く活躍を見せたのだ。

またこの年、もうひとつ忘れてならないのは、菅野完『日本会議の研究』をはじめとして、右傾化した世相の総本山のように思われていた運動体・日本会議の実像を描き出す書籍の刊行が相次いだことだ。

安倍内閣の特徴のひとつとして、第一次政権以来、日本会議所属の閣僚の多さが指摘されてきたが、『日本会議の研究』は過大な幻影をもってイメージされがちなこの組織が、ほんのひと握りの〝活動家〟にコントロールされた薄いつながりの集団で、実質的な中核は一九六〇年代、全共闘運動に対抗して誕生した「生長の家」の信者学生組織のメンバーらに絞られることを解明した。

この実働部隊の活動家を取り除いてしまえば、日本会議はアンチ左翼、アンチ・リベラルという共通項しかない宗教関係の〝寄せ集め集団〟にすぎないという。

古くは中央公論の社長宅が襲われた風流無譚事件や朝日の赤報隊事件など、右翼団体には昔から言論機関へのテロのイメージがあり、テロに至らずとも、その糾弾対象となることへの恐れがあることから、一般論としてメディアには右翼団体への踏み込んだ報道を避ける傾向があった。

しかし、菅野らの著作が先鞭をつける形で日本会議を描き、その実態が往年の民族派右翼とは似て非なる集団であることを知らしめたことで、巨大組織の不気味な威圧感は一気にその迫力を減じたのだった。

活動家の一部には大日本帝国憲法の復活を目指す極論もある一方、全体としてはぼんやりとした復古主義がある以外、深い思想性はなく、むしろその〝カルト性〟や〝底の浅さ〟への認識が広がった。

何よりも決定的だったのは、森友問題の報道で繰り返し流された塚本幼稚園での教育勅語の暗唱や、運動会で園児らが「安倍首相ガンバレ」と叫ぶ〝選手宣誓〟の映像で、〝日本会議的なもの〟の異様極まりない姿が可視化されたことだった。

ネット上では圧倒的多数に映っていたカルト右派の世論。安倍政権に奥深く入り込む、と信じられていた〝黒幕的〟な組織。メディアによる政権批判を牽制するそうした存在がそれぞれに、過大なイメージにすぎなかったことが徐々に理解され、そのこともメディアの萎縮を〝解凍〟するうえで、プラスに作用したように思う。

「もり・かけ問題」での反転

「こんな状況だからこそ、記者たちは決定的な調査報道を狙い続けてます」

朝日新聞騒動の翌年、かつての同僚のひとりは私にそう語った。ジャーナリズムの世界には、不正をかぎつける嗅覚に優れ、徹底的な調査能力を持つ〝猟犬型〟の記者がいる。この元同僚もそうだった。

声高に論陣を張るのでなく、決定的なひとつの証拠をひたすら追い求める。探求型と言っても、私のように幅広く事象全体を理解したがるわけではなく、あくまでも奥深く、一撃で致命傷となるファクトを掘り起こすタイプである。

評価額より八億円も安く国有地を獲得した森友学園の問題、「総理のご意向」などと記された文科省文書の存在から火が点いた加計学園問題、これら一連の報道で朝日新聞は重要なスクープを節目節目で報じた。私は雌伏二年半、苦汁を舐め続けてきた記者たちの渾身の思いを感じた。

独善的な「国益」の物差しを振りかざし、「反日」「売国」といった罵声を浴びせかける。そんな勢力と空虚な論争を続けるより、粘り強い調査で発掘したファクトを提示して、権力のあり方そのものを問い質す。

報道の持つ最大の力はやはり、論よりファクトにある。見事なものだった。

「あるものをないとは言えない」

そう言って証言に立った前文科次官・前川喜平の存在も大きかった。「現役時代になぜ言わなかったか」「天下り問題で辞めさせられた腹いせだろう」。そんな中傷も飛び交ったが、算盤勘定や保身の意識が強い〝反・前川〟の論者ならなおのこと、たとえ退職後であっても、その思い切った行動が、利をもって立場を決める彼らとは対極にある〝愚行〟であることは、わかっているはずだ。

前川の公憤をいくら〝私怨〟と印象づけようとも、どう見ても損得勘定の計算は合うはずはない。

朝日新聞が久しぶりに腹を据え、政権と対峙する覚悟を決めたと感じたのは「もり・かけ問題」が始まった初期のころ、二〇一七年三月二十二日付の一面に「おことわり」を見たときのことだ。そこには、政府が提案した「テロ等準備罪」について《犯罪を計画段階で処罰する「共謀罪」の趣旨が盛り込まれており、朝日新聞はこれまでと同様、原則として「共謀罪」の表現を使います》と、その言葉を使わないことが宣言されていた。

毎日や東京、日本経済新聞も同じ立場をとり、「テロ（等）準備罪」としたのは読売と産経だけ。ＮＨＫは「共謀罪の構成要件を厳しくしてテロ等準備罪を新設する改正組織犯罪法」と、例によって長々とした〝枕詞〟を使うことで、どっちつかずの報道をした。

「もり・かけ」と共謀罪審議で紛糾した通常国会を通じて、安倍政権の支持率は三〇パーセントを切るまでに急落し、七月の東京都議選では自民党の歴史的大敗を生んだ。

この間、印象的だったのは、『週刊文春』や『週刊新潮』など保守系の週刊誌まで政権批判の論陣に加わったことだ。

「権力の私物化」という、イデオロギー色のない争点だったためだろう。前川・前文科次官のインタビューについては、文春が朝日と同じ日に報じたほか、新潮は安倍政権〝べったり〟とされる元TBS記者によるレイプおよび警視庁幹部によるその揉み消し、という疑惑をスクープした。自民党二回生議員・豊田真由子による秘書虐待の話題を報じたのも新潮であった。

さらには、首相の〝秘蔵っ子〟とされる稲田朋美・防衛相による失言や答弁撤回についての批判的報道も相次いだ。

毎週のように繰り出される各媒体の〝新ネタ〟を、民放各ワイドショーがさらに拡大し、〝安倍一強政権の驕り〟に、多くの国民が反発することとなった。

政権側は国会での集中審議に、古くから加計学園の獣医学部新設を求めてきた加戸守行・前愛媛県知事らを招き、反転攻勢の切り札に据えたが、加戸の主張は単に、愛媛県や今治市が獣医学部を切望してきたという地域振興の思いの訴えにすぎず、政府内部の手続きが正当なプロセスを踏んだのか否か、という疑惑の中身とは無関係な話でしかなかった。

何よりも、七月の集中審議に至っても、政府答弁は、記録がない、記憶にない、の連発で、不都合な内部事情の隠蔽に徹していることは、誰の目にも明らかであった。

もうひとつ、致命的だったのは、菅義偉・官房長官らによって、前川・前文科次官に対する「出会い系バー通い」などというダーティーな人格攻撃が行われたことだった。

読売の「歴史的不祥事」

一連の経緯で何よりも驚かされたのは、朝日や文春に前川証言が報じられる直前の五月二十二日、読売新聞が前川の出会い系バー通いを報道し、この店が売春の温床であるとして、事実上の人格攻撃を紙面で行ったことだ。新宿のこのバーに関しては、週刊文春が検証取材をし、就職などの相談に乗ってもらっていたという前川の面談相手を見つけ出して、「女性の貧困について実情を聞いていた」という前川の証言がウソでなかったことをきっちりと記事にした。

何よりも読売記事が異常に見えたのは、全国紙の場合、通常は刑事事件にならない政治家の異性スキャンダルについて報じない暗黙のルールが存在したためだ。すでに国家公務員も退職した一民間人の前川ならなおさらのことだった。

前川は、政府による人格攻撃と読売のこの報道が連動していた、という認識を国会証言や記者会見で語っていて、それを否定する読売の釈明に説得力はなかった。

そう、二〇一七年「もり・かけ疑惑」の大きな特徴は、国民的な批判の高まりの中、メディアを覆っていた自主規制の空気が取り払われてゆく一方、徹底して安倍政権を擁護する立場を堅持する読売と産経、そして一部コメンテーターの存在をくっきりと浮かび上がらせたことだった。

中でも、読売の前川攻撃は、特筆すべきものだ。政権の謀略工作に日本一の発行部数を持つ大新聞が加担した疑いが濃厚なのである。

元検事の弁護士・郷原信郎はこの件で、「読売新聞は死んだに等しい」と題した文章をブログに綴っている。

《読売記事の掲載は、動機・目的が、時の政権を擁護する政治的目的としか考えられないこと、記事の内容が客観的事実に反していること、そのような不当な内容の記事の掲載が組織的に決定されたと考えられること、という3点から、過去に例のない「新聞史上最悪の不祥事」と言わざるを得ない》

私も同意見だ。

新聞記事をめぐる不祥事は、古くは伊藤律架空会見記やサンゴ事件など、朝日新聞のスキャンダルが有名だが、万が一「朝日新聞による不祥事」でなく、他紙による不祥事だったなら、二件ともニュース価値はかなり落ちる。記事捏造そのものは過去、さまざまな媒体で無数に起きていて、稀有なことではない。テレビならＮＨＫ、新聞なら朝日の不祥事が、やはり面白く、だからこその騒がれ方をしただけだ。

その点、今回の読売の問題は、日本最大の全国紙が、ブラックジャーナリズムまがいのことをした、と疑念を持たれるケースとして質的に前代未聞、政権の裏工作に呼応した人格攻撃、ということが立証されたなら、掛け値なしに戦後トップクラスの報道不祥事として歴史に刻まれる話だ。

しかし、いまのところ、大規模な読売批判にはなっていない。

週刊文春なども読売批判の記事を特集し、同社には読者からの批判が多数寄せられたようだが、朝日叩きのようなイデオロギー的熱狂を呼ぶ問題とはやはりタイプが異なるため、社会の反発はこの程度なのだろう。

それにしても、業界の片隅にいる者として、産経でなく読売が、という部分に驚きは大きい。〝腐っても鯛〟と思っていただけに、意外さを感じた。

本書でも触れてきたように、かつての読売には数々の素晴らしい記者たちがいたのである。ナベツネこと渡邉恒雄会長の〝専制的社内支配〟は一九八〇年代からささやかれるようになったが、私が朝日に就職した八五年当時はまだ、いくつもの新聞社やテレビ局と併願して読売に就職する若者も多かった。

つまり、現在の社の中枢にいる五十代半ばの幹部たちの多くは、朝日や毎日などの同世代と似通ったジャーナリズム観を共有する若者だったのだ。前川への記事がなぜ、歴史的な不祥事とまで言われるのか、その意味を理解できないはずはない。閉ざされた価値観での記者人生を送る中で、あの報道を「是」としてしまう感覚、あるいは「是」と言わざるを得ない生き方を刷り込まれてしまったのだ。

産経新聞や『Will』『Hanada』といった媒体はもう、カルト右派の宗教メディアのようなものなので、言うべきことはとくにない。ただ、〝天下の読売〟がこのような新聞になってしまったことはやはり、残念でならない。

郷原は、先のコラム「読売新聞は死んだに等しい」のあと、同じブログで若手検事時代に深く交わった読売社会部記者への思いも綴っている。

記者の名は山口寿一、現在の読売社長である。

《自民党長崎県連事件では、「検察の組織の壁」に何回も阻まれた。検察裏金問題の関係で自民党政権に借りができたのか、最高検・法務省からの捜査への圧力は強烈だった。その最も重要な局面でも、山口氏は、長崎まで来てくれたことがあった。次席官舎で深夜まで飲み明かし、最高検・法務省の壁を打ち破ることに関して多くの助言をしてくれた》

《類まれな傑出した司法記者だった山口氏が、今回の前川氏に関する記事に主体的に関わるような人物になったのだとすれば、彼がグループ社長になるまでの間に大きな変節があったことになる。その背景には、読売新聞という組織の病理があるのであろう》

郷原は切々と旧友への思いを綴っている。

東京都議選での歴史的大敗を受け、安倍首相は自らの答弁姿勢への反省を述べ、取りあえずは加計学園問題での閉会中審査に応じたが、結局のところ、政府側の答弁は相変わらず「記録がない」「記憶にない」のオンパレードだった。事実関係の解明には一切協力しない姿勢を続けている。

これに対し、右派月刊誌に寄稿する〝安倍応援団〟は、「岩盤規制に穴を開ける」という特区認定の〝大義〟を錦の御旗とし、数々の疑惑や政府の隠蔽には目をつぶったまま、「潔白が明らかな問題を煽り立てるマスコミの偏向報道」を糾弾するキャンペーンを繰り広げるようになった。

まさに「信じたいことを信じる」「信じたい側を信じる」という狂信的態度だが、現在も三割近くいる政権支持層には、心地よく響く主張なのだろう。

支持率の回復を狙う与党自民党もいずれはこうした論法に乗り、マスコミ批判を大展開してゆく可能性もある。

彼らから見れば、一度は〝骨抜き〟に成功したかに見えたメディアが、こうして息を吹き返し、牙を剝く形になったわけである。となれば、今度はより徹底した〝対メディア戦略〟で、完全に息の根を止めることを目指すかもしれない。いずれにせよ、その前哨戦は右派メディアやネット上のキャンペーンで始まりつつある。

そのとき、メディア側は果たしてどこまで持ちこたえることができるのか。過去二年半の教訓として、忘れてはならないのは、メディアと敵対する勢力を過大評価して必要以上に怖気づいてはならない、ということだ。そしてもうひとつ、報道の武器は徹底した取材で得たファクトだけだ、ということである。

権力とメディアの攻防は、ここからの第二幕こそ、本当に熾烈な闘いになるような気がしている。

ファクトの価値を信じて

朝日新聞社がふたつの不適切な報道で火だるまになったのは二〇一四年夏。その出来事を自分なりに咀嚼しようとして、気がつけば三年の月日が流れていた。

この間に朝日をはじめ全国紙は、軒並み大幅に部数を失った。批判への萎縮から腰砕けの報道が続く時期もあった。一方で、森友学園と加計学園問題の追及を通じて、政権の暗部をえぐり出し、一定の失地回復も果たすことができた。

改めて考えると、一九八〇年代から九〇年代の私の現役記者時代には思いもしなかった激動がこの三年間、日本のメディアには続いている。本書の前半では、ジャーナリズムの原理原則を見失ったかに見える若手記者たちに、不安な思いも綴ったが、権力との対峙、というかつては観念論でしかなかった現実に身を置いて、逆風に抗う現役記者たちは、戦後史に例を見ない〝真剣勝負の体験〟を、いままさに積み重ねている。

一方の端には、ジャーナリストという職業を名乗るだけのプロパガンダ請負業者がいて、会社ぐるみそうなってしまった媒体もある。ただし、このような二極化をもってメディアの混乱と捉える必要はもはやないようにも思える。彼らはもう、主義主張の異なる同業者、と見るよりも、職業倫理そのものを共有していない別職業の人たち、と考えるべきだろう。

その意味で、文春や新潮を含め、真っ当な取材者の立ち位置を貫いた人々と、あくまで政治的ポジションでしかものを言わなかった人々を峻別した「もり・かけ問題」は、極めて重要な出来事であった。

ジャーナリズムをめぐる建設的な議論、切磋琢磨するライバル関係は、今回、ふるい分けられた媒体や記者を取り除いた同業者の間でしか成り立たない。そう考えたほうが、スッキリする。デマの流布に対しては、忍耐強く対抗する必要はあるだろうが、同じ土俵に立とうとしない媒体や記者たちにモラルの違いを指摘したところで、言論の自由、思想信条の自由がある以上、おそらく馬の耳に念仏であろう。

「信じたいことのみを信じる人」は、世の中に一定の割合でいて、ファクトや論理によって説き伏せることはできない。議論が成り立たない相手とは、距離を置く以外ないのである。メディアの分化はとことん進んでゆくほうがいい。好むと好まざるとにかかわらず、両者はまったくの別物だ、ということが誰の目にも明らかになれば、メディアも記者たちも、無用な迷走をしなくて済むようになるだろう。

ネトウヨ的狂信者（左翼にも似たタイプはいる）に、言論によってそのおかしさを理解させることも、可能かもしれない。だが、間違いなくそこには、膨大な労力と時間が求められる。カルト宗教に洗脳されてしまった人を、正気に戻す作業に似た忍耐が必要とされるのだ。

親しい友人や身内なら、私も個人的な努力は惜しまない。だが、メディアとして集団的な〝脱洗脳の闘い〟にエネルギーを奪われては、本来の報道はなし得なくなってしまう。報道は、あくまでも〝洗脳前〟の人々に、カルトに接近する危険性を説く以外にない。

筋の通らない政治的な誹謗中傷は〝その手の人たちの言説〟ということで、ある種冷淡に突き放し、怯まないことが大切だ。政治家など、無視できない立場に相手がいるときは、まずはその論理破綻を第三者の有権者に知らしめるべきだろう。

聞く耳を持たない相手との不毛な〝神学論争〟ほど、空しいものはない。政治家であれジャーナリストであれ、本来、向き合わねばならないのは、リアルな生活空間で、困難に直面する生身の人々だ。さまざまなテーマで人々の暮らしに深く分け入って、問題の核心の把握に努力する。そして、問題の解決につながる糸口を模索する。その作業にこそ、メディア本来の職業的醍醐味はある。

長い目で見れば、狂信者の群れは少しずつ小さくなり、マーケットが縮小すれば〝商業ウヨク〟のビジネスは消えてゆくだろう。そんな希望を持つしかない。

このように、メディアと権力、メディアとカルト右派世論、という点では、一七年現在、事態は新しい局面を迎えつつある。ただ、より大きな構造的変化、つまりネットの台頭による紙媒体の衰退と、それに伴う取材活動の貧弱化、という根本的問題は未だ日々、事態の悪化が続いている。

フリーの取材者という我が身に引きつけて考えると、原稿料や取材費の切り下げ、書籍販売の減少、という悪循環の中、いかにして、手間暇をかけた〝真っ当な取材〟に代価を支払ってもらえるか。その価値をレポートや作品のクオリティーをもって納得してもらう、というチャレンジに結局は尽きるのだろう。ネット上の無料情報との明確な差異を、記事や本の内容の深みで示さねばならない、ということだ。

その意味で本書は、これまでの自分の仕事とは別種の本になってしまったが、できることならば、私の本業であるルポルタージュ作品にも触れてみてほしい。より深く知れば知るほどに、一刀両断に物事は語れなくなってゆく。だが、理論武装のための知識でなく、フラットに物事を深く知る、そのプロセスそのものに、知的な喜びは潜んでいるのである。自らのスタンスは保留したうえで、まずはより深く知る。少なくとも私は、自分と似たそんなタイプの人に向けて文章を書いている。

そして、無駄と知りつつ書く皮肉だが、ネトウヨの諸君も、たとえばそれほどに在日コリアンに関心があるのなら、何年でも費やしてより深く、より多くの在日と接することにより、誰よりも彼らの実情に詳しくなってみればいいと思う。それが困難なら、通り一遍の表層的取材ではなく、その世界の最深部に深く入り込み、描かれた作品を一冊でも多く読んでゆくことだ。人種的憎悪を吐き出すのは、それからでも決して遅くはない。

とことん掘り下げたファクトの価値、それを積み重ねた記録文学の価値、この手作業の追求こそが、ジャーナリズム復権のカギを握っている。報道を頭から「マスゴミ」と決めつけ、「信じたくない人」は致し方ない。実際に記事や作品を熟読し、なるほど、と感じてくれる人をひとりでも増やすべく、〝読み応えのある文章〟を、一寸の虫に宿る五分の魂のごとく愚直に目指してゆくだけだ。

大量生産やコピペの対極にある非効率な作業の推奨が、果たして報道やノンフィクションの衰退にどれほどの歯止めになるものか、本当のところは私にもわからない。それでも、私たち現場の末端にいる者は、仕事が続けられる環境にある限り、職人としての技量の向上を追求する以外にない。

取材活動に相応の代価を払う。そんな価値観は、社会から失われてはならない職業、と認められて初めて広まってゆくのだろう。それはひとえに、職業的取材者各人の努力の成果にかかっている。

あとがき

いつの間にか「反日」という言葉が、昔の「非国民」と同じニュアンスで、同胞に向けた悪罵となる時代になってしまった。最近は活字の世界にさえ、それを使う人たちがいる。

自他の関係を「愛国─反日」という手前勝手な枠組みに落とし込み、持論の正しさを一方的に宣言する。自分は愛国だから正しく、相手は反日だからけしからんのだと。

小学生の口喧嘩並みの言い草だが、論敵の得心を促す理屈にはなり得ないことを、おそらく当人もわかっている。わかっていて言うだけに、たちが悪いのだ。衆を恃み、大声でがなり立てる形になる。

この言葉が相手に伝えるのは、まともに語り合うつもりはない、という拒絶の意思と敵愾心だけだ。

こうした語法がまだ広まっていなかった三十年近く前、私は似た態度をとる集団の理屈を知り、驚いた記憶がある。教えてくれたのは、粘り強いボランティアの支援を受け、脱洗脳を果たしたカルト宗教の元信者たちだ。

高齢者を騙し高額の物品を売りつけるなど、反社会行為で批判にさらされた新興宗教だが、信者たちは報道での批判にも何ら罪悪感を覚えなかったという。彼らにとって教団外部の人間は肉親も含め、みな「悪魔」とされていたからだ。悪魔からどう思われようと痛くもかゆくもない。むしろ教義に帰依しない世間の側こそを、蔑み憐れむべき対象として、彼らは捉えていた。

異なる立場からの言葉に耳を塞ぎ、対話を断ち切って、「反日」と決めつける。昨今の〝愛国者〟も、私には同類に思える。右派メディアやネット上において議論の真似事をしたところで、「反日」なる言葉を使う人間はその時点で馬脚を露している。自他を対等な立場に置くつもりはない。その主張は結局、「日本人ならかくあるべし」という独善的な〝教義〟の押しつけに終わる。

ただ、ネット上で巨大勢力に映るこうした人々も、現実社会では少数に留まる。そのことが最近では可視化されてきた。メディアや社会はもう、虚像にうろたえることをやめるべきだろう。対話を拒む〝狂信者集団〟を相手にする必要はない。

彼ら一人ひとりの〝脱洗脳〟には粘り強い対応が必要で、一朝一夕には進まない。集団的メディア攻撃はまだまだ続くだろう。報道や言論に携わる人たちは、その反応を毎度毎度の常態と認識する以外にない。耳を塞ぐ相手に届く言葉はないからだ。

その意味で二〇一七年八月、ＮＨＫが立て続けに放映した終戦特集のドキュメンタリーは見事だった。デイリーの報道部門とは異なり、ＮＨＫのドキュメンタリー部門には、作り手の気骨がはっきりと見て取れる。

『告白　満蒙開拓団の女たち』『７３１部隊の真実　エリート医学者と人体実験』『本土空襲全記録』『戦慄の記録　インパール』『戦後ゼロ年　東京ブラックホール』……。

敗戦から七十二年もの歳月を経て、いまなお新たな音声や映像を発掘し、ファクトをもって史実を描き出す。その手法には圧倒的な説得力があり、歴史修正主義者による〝圧〟にもたじろがない覚悟が感じられた。

どっちもどっちの水掛け論、という印象になってしまうことは、歴史改竄者の思う壺である。両論併記の曖昧さも、報じる側の敗北にほかならない。泥仕合になるかならないか、カギを握るのは徹底したファクトの発掘だ。

その点で、今回のドキュメンタリー群は圧巻であった。

もちろん、世相の好転を感じるにはまだ早い。ネットを見渡せば、ナチス礼賛や関東大震災時の朝鮮人虐殺否定など、さまざまな〝案件〟が日々、炎上を繰り返している。

それでも薄明かりは見えてきた気がする。

もしかしたら三十余年前、メディアが人気業種だった時代より、今日のほうが何倍にも、ジャーナリズムが社会に担う役割は、重要になっているのかもしれない。ファクトを追う存在が、ほかに見当たらないからだ。

先細る産業の衰退をひしひしと感じつつ、私がまる三年間、手探りで重ねてきた職業への自問自答はいま、そんな認識を抱く段階に差しかかっている。

◇

十月二十二日、野党勢力が大混乱に陥った総選挙が終わった。自公政権は改憲発議に必要な総議席三分の二を上回る勢力を改めて獲得した。

先の国会のあと、安倍首相は森友・加計疑惑による支持率低下を受け、国会答弁の反省や「丁寧な説明」の約束を繰り返し表明した。

その一方、右派媒体やネットでは、「もり・かけ疑惑」の報道そのものを偏向と糾弾する〝逆ギレ〟が夏から過熱した。公示日直前の党首討論では、首相自身、似た「本音」を記者とのやり取りで口にした。

かと思えば、ネットに右派言辞を撒き散らす自民党支持組織J－NSC（自民党ネットサポーターズクラブ）の緊急集会に首相自らが顔を出し、熱烈な〝覆面運動員〟によるネット世論形成を督励するひと幕もあった。

最も象徴的だったのは選挙戦最終日、JR秋葉原駅前に支持者を大量動員した最後の街頭演説だ。そこには右翼の集会かと見紛うほど、日の丸がびっしりと林立し、首相批判のプラカードを掲げようとする少数の抗議者を荒々しく威圧した。

「おい！ＴＢＳ　偏向報道は犯罪なんだよ」

「テレ朝は石器時代のような偏向ヤメろ」

そんなプラカードを掲げた支持者らは口々に、報道陣に罵声を浴びせていた。

現場での目撃者やネット動画を見た人は、「大人の塚本幼稚園」と、春先に報じられた森友学園の幼稚園運動会風景になぞらえて、ツイッターに違和感を次々書き込んだが、新聞やテレビは基本的にこれを黙殺した。地上波で映像が流れたのは翌日夜、選挙後の特番が始まってからだった。

政権側に立つ産経や読売すらその日の朝、投票日の朝刊では、演説を聞く群衆のメイン写真に新宿での立憲民主党の場面を使っていた。政権与党による秋葉原の写真は使えなかったのだ。

「見たままの光景」をなぜ、表に出さないのか。ネットには「日の丸を掲げて何が悪い」と開き直るネトウヨの書き込みも溢れたが、この写真は確実に自民党のイメージダウンになる、産経も読売もそれをわかっていた。

悲しいかな、政権に批判的なメディアにも写真・映像は出なかった。現実に存在した選挙の重要シーンなのに、その全景を見せない。そこには極右やネオナチさえ想起させる異様さが漂い、その強烈なインパクトがもたらすであろう波紋に怖気づいたのだ。

こうして、歴代自民党政権とまるで違う安倍政権の本質は、今回もメディアの〝自主規制〟に隠蔽され、一般には可視化されないまま、選挙は終了した。

選挙後のテレビ解説では、立憲民主党などの反自民勢力を「有権者の二、三割しかいない左派・リベラル」と位置づけ、「国民の大多数は保守」と繰り返し語られた。

いわく言い難い違和感を覚えた。安倍政権は本当に「普通の保守」なのか。秋葉原街頭演説の光景を白日の下に曝せば、それを抵抗なく受け入れる国民が多数を占めるとは到底思えない。その異様さは、ほとんどの人が感じたに違いない。

今回の自民党大勝で、権力と報道の緊張関係はこれからも続くことになった。安倍政権とその中核支持層が持つ、旧来の保守とはまるで違う特異性。そのことを明確に周知しない限り、メディアはまたじりじりと追い込まれてゆくだろう。

この国のメディアは、いよいよ正念場を迎えようとしている。

二〇一七年十月

本書は、月刊『望星』二〇一五年五月号から二〇一六年七月号までの連載を下敷きに、全面改稿を施して刊行するものです。

【著者プロフィール】
三山　喬（みやま・たかし）

1961 年、神奈川県生まれ。東京大学経済学部卒業。98 年まで 13 年間、朝日新聞記者として東京本社学芸部、社会部などに在籍。のちに国家賠償請求訴訟となるドミニカ移民問題を取材したのを機に移民や日系人に興味を持ち、退社してペルーのリマに移住。南米在住のフリー記者として活躍した。2007 年に帰国後はテーマを広げて取材・執筆活動を続け、『文藝春秋』『週刊文春』『週刊朝日』『世界』など各誌に記事を発表している。著書に『日本から一番遠いニッポン〜南米同胞百年目の消息』（東海教育研究所）『ホームレス歌人のいた冬』（同、文春文庫）、『夢を喰らう〜キネマの怪人・古海卓二』（筑摩書房）、『さまよえる町〜フクシマ曝心地の「心の声」を追って』（東海教育研究所）、『国権と島と涙〜沖縄の抗う民意を探る』（朝日新聞出版）などがある。

一寸のペンの虫　〜〝ブンヤ崩れ〟の見たメディア危機

2017 年 12 月 24 日　　第 1 刷発行

著　者 ———— 三山　喬
発行者 ———— 原田邦彦
発行所 ———— 東海教育研究所
〒 160-0023 東京都新宿区西新宿 7-4-3 升本ビル
電話 03-3227-3700　FAX 03-3227-3701
発売所 ———— 東海大学出版部
〒 259-1292 神奈川県平塚市北金目 4-1-1 東海大学湘南キャンパス内
電話 0463-58-7811
組版所 ———— 株式会社ポンプワークショップ
印刷所 ———— 株式会社平河工業社

© TAKASHI MIYAMA ／ Printed in Japan ／ ISBN978-4-486-03909-9 C0036
定価はカバーに表示してあります。
無断転載・複製を禁ず／落丁・乱丁本はお取替えいたします。

さまよえる町

フクシマ曝心地の「心の声」を追って

三山　喬 著　四六判　304 頁　定価（本体 1,800 円 + 税）

ISBN　978-4-486-03786-6

福島原発事故で「全町避難」となった“曝心地”大熊町の１万人余は、さまよい続け、散り散りになり、異境の町で死を迎える人もある。そんな明日をも見えずにさまよう町と、さまよう人々の姿を描き出す渾身のノンフィクション。

ホームレス歌人のいた冬

「ホームレス歌人・公田耕一」の消息を追う

三山　喬 著　四六判　272 頁　定価（本体 1,800 円 + 税）

ISBN　978-4-486-03718-7

リーマンショック後の大不況で年越しテント村が作られた２００８年末、「朝日新聞の歌壇」に、彗星のごとく現れ、約９カ月で消息を絶った「ホームレス歌人」がいた。その正体と、その後の消息を追う感動のノンフィクション。

日本から一番遠いニッポン

南米同胞百年目の消息

三山　喬 著　A5 判　344 頁　定価（本体 2,800 円 + 税）

ISBN　978-4-486-03198-7

この一世紀余の間に南米の各地に渡り、新天地を切り開いてきた日本人同胞は今。そのさまざまな現実を、現地に住んだジャーナリストが最深部から描き出す。

メディア分光器

ポスト・テレビからメディアの生態系へ

水島久光 著　四六判・並製　304 頁　定価（本体 2,200 円 + 税）

ISBN　978-4-486-03904-4

リーマンショック後の 2009 年から、トランプ大統領登場の 2016 年までのマスメディア、地域メディア、ネットメディアの動向を論じた時評から、ポスト・テレビ時代の人とメディアの新たな可能性を照らし出していく。